Couverture inférieure manquante

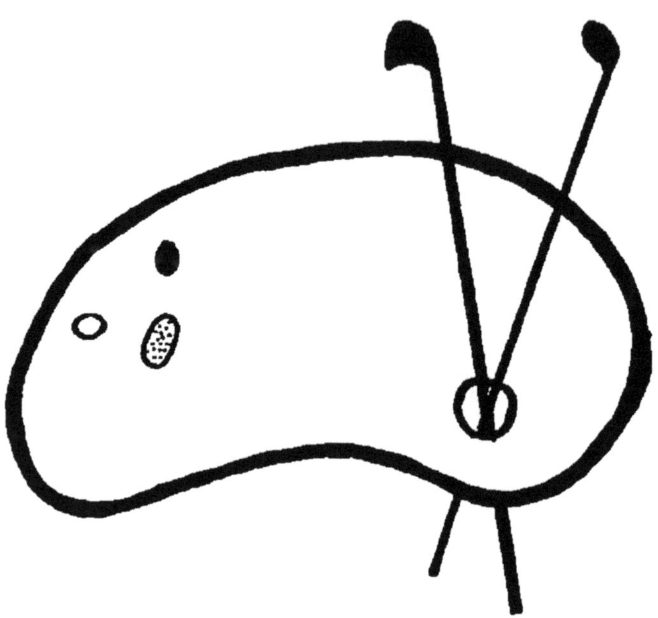

DEBUT D'UNE SERIE DE DOCUMENTS
EN COULEUR

NOTES

SUR LES

VILLES ET TRIBUS DU MAROC

EN 1890

PAR

A. LE CHATELIER

I

**Sahel. — Gharb. — Haouz Fès. — Saïs.
Haouz Meknès. — Djebala.**

ANGERS
IMPRIMERIE A. BURDIN ET Cⁱᵉ
4, RUE GARNIER, 4

1902

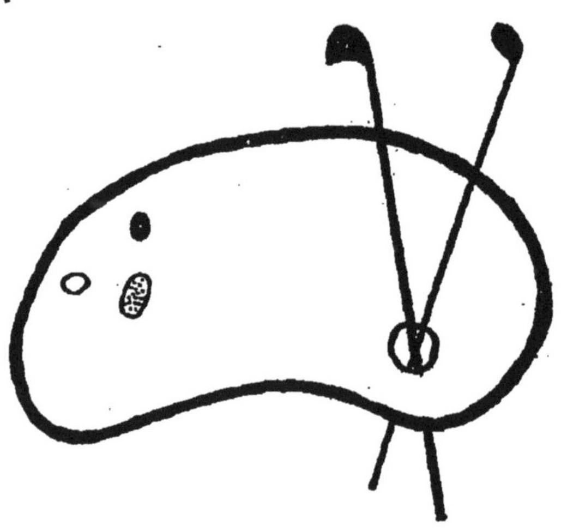

FIN D'UNE SERIE DE DOCUMENTS
EN COULEUR

NOTES

SUR LES

VILLES ET TRIBUS DU MAROC

EN 1890

ANGERS, IMP. ORIENTALE A. BURDIN ET Cⁱᵉ, RUE GARNIER, 4.

NOTES

SUR LES

VILLES ET TRIBUS DU MAROC

EN 1890

PAR

A. LE CHATELIER

I

**Sahel. — Gharb. — Haouz Fès. — Saïs.
Haouz Meknès. — Djebala.**

ANGERS

IMPRIMERIE A. BURDIN ET Cⁱᵉ

4, RUE GARNIER, 4

1902

AVANT-PROPOS

Au cours d'un voyage au Maroc, en 1889-90, j'avais entrepris de réunir quelques renseignements sur son peuplement. Un premier fragment en a été publié dans le Bulletin de l'École supérieure des lettres d'Alger, *Les tribus du Sud-Ouest marocain*. Beaucoup d'autres notes m'avaient paru incomplètes et insuffisantes. Je me décide à en faire paraître quelques-unes, dans la pensée que les matériaux d'études, si frustes qu'ils soient, peuvent être utilisés à un moment donné. Le cas s'est présenté déjà pour une partie des renseignements qui suivent. Ils ont été largement mis à contribution dans le premier volume des *Documents sur le Nord-Ouest africain* (1).

Le fascicule qui suit est la reproduction textuelle de mon travail original, tel que je l'avais rédigé à Fès. Je lui conserve intentionnellement sa forme de premier jet, celle du manuscrit que j'avais envoyé de Fès à Paris.

Il en résultera nécessairement bien des inexactitudes d'actualité, et je prie le lecteur de ne pas perdre de vue que les notes qui lui sont soumises remontent à 1890.

---

(1) On s'en rendra compte en vérifiant les renvois, notamment pour le chapitre des Djebala.

Dans mon enquête sur les populations marocaines, j'ai eu constamment sous les yeux l'admirable ouvrage de de Foucauld, qui est et restera la base fondamentale des études sur le Maroc moderne. A Tanger, Tétouan, Ksar el-Kébir, Rabat, Casablanca, Mogador, Marokesch, partout où j'ai pu interroger à loisir les nombreux indigènes dont les « interwiews » m'ont fourni les renseignements qui composent presque toutes ces notes, j'avais sur ma table la *Reconnaissance au Maroc*. Le cadre de mes recherches ne m'a pas permis d'y puiser autant que je l'eusse désiré. Mais je m'en suis servi comme point de départ et contrôle, toutes les fois que je l'ai pu. Ma petite bibliothèque de voyage comprenait en outre le bon livre du Commandant Erckman, *Le Maroc moderne*; l'ouvrage un peu vieux mais substantiel de L. Godart, *Le Maroc*, et quelques autres volumes, notamment *Marabouts et Khouan* de Rinn. Ces travaux antérieurs m'ont servi pour les villes, pour les données historiques, et le dernier pour les confréries musulmanes. Mais presque tout ce qui concerne les tribus, leur fractionnement, leurs effectifs, leur organisation politique et sociale, la répartition des influences religieuses et politiques, provient de « renseignements indigènes ». La valeur n'en est ainsi que relative et c'est pour ce motif que j'avais considéré primitivement mes notes comme un simple canevas provisoire.

Un second fascicule du même cararactère que le premier et concernant les tribus du Sud, paraîtra prochainement.

On remarquera que dans ces deux résumés, j'ai attribué une importance générale au rôle des congrégations musulmanes, sous l'influence des idées alors dominantes en Algérie. Mais ce sont précisément mes observations sur le rôle des congrégations musulmanes au Maroc, qui m'ont par la suite montré qu'on commettrait une lourde erreur en exagérant l'action de ces associations religieuses. Elle n'a qu'exceptionnellement un caractère général. Le rôle des traditions chérifiennes dépasse de cent coudées au Maroc celui des traditions soufiques. Je n'ai rien à ajouter, à cet égard, à ce que j'ai déjà précisé dans la préface de l'*Islam dans l'Afrique occidentale*.

I

SAHEL

(TANGER)

Le Sahel de Tanger ne comprend à proprement parler que la zone côtière, aux abords de la ville. Par extension, ce terme s'applique à la région littorale, jusqu'à Arzîla, au nord des plaines du Gharb. Le Sahel englobe ainsi les bassins inférieurs de l'Oued bou Ghaddou, Oued el-Akouas, etc., à l'exclusion de la zone montueuse, occupée par les Djebala, et d'où sortent ces cours d'eau.

		FUSILS	CHEVAUX
VILLES	Tanger	2.500	200
TRIBUS	El Fasia.	1.800	200
	Amar	1.850	200
	El Gharbia.	600	100
	Mezoura	500	
	Sahal	2.000	100

TANGER

Territoire. — Port de mer, à l'entrée d'une baie semi-circulaire peu profonde, mais abritée des vents de l'Ouest et de l'Est et offrant un bon mouillage, à quelque distance de terre. Situation importante à l'entrée du détroit de Gibraltar et en face de la côte d'Espagne. Principal port de communication avec l'Europe.

Origines. — Capitale de la Maurétanie Tingitane sous la domination romaine, Tanger, après avoir été occupée pendant plusieurs siècles par les Musulmans, tomba au pouvoir des Portugais en 1471. Elle fut ensuite prise par les Espagnols, puis par les Anglais qui s'y maintinrent jusqu'en 1684, époque où les Marocains s'y réinstallèrent.

La population indigène se compose surtout d'Andalouces et d'anciens émigrés du Rif, non compris les éléments hétérogènes, très nombreux.

État social. — Ville demi européenne, résidence du Corps diplomatique. C'est la seule ville du Maroc où les Européens soient librement propriétaires. Outre un grand nombre de maisons dans la ville, ils ont d'importantes propriétés dans les environs. La colonie espagnole surtout est très nombreuse. Elle comprend environ 3.000 membres, hommes surtout, pour la plupart sans moyens d'existence définis, et qui passent parmi les indigènes pour une sorte de colonie militaire. Les Européens, juifs et musulmans sont mélangés dans tous les quartiers.

Situation politique. — Résidence du Corps diplomatique, Tanger est aussi celle d'un représentant du Sultan auprès des légations. Le gouvernement marocain a voulu en faire une sorte de place de guerre. La ville est entourée d'une enceinte continue sur la campagne et la mer, avec Kasbah la dominant. Du côté de la mer, deux batteries, l'une de pièces à âme lisse, l'autre de trois pièces Armstrong de 20 tonnes, la défendent. La Kasbah est de même

armée partie de pièces à âme lisse, partie de canons européens de modèles récents. Mais la plupart de ces pièces sont
avariées ou même hors de service. La valeur défensive de la
place est très faible. Une escadre cuirassée, en rade, n'aurait rien à craindre. Garnison permanente d'environ 50
mokhazni, 200 askar, 100 artilleurs.

Population :

16.000 Musulmans,
4.000 Européens.

Situation administrative. — Tanger est gouvernée
par un Pacha qui avait autrefois sous ses ordres tous les
Djebala et le Rif. Son autorité s'étend encore sur dix tribus, jusqu'à Tétouan et El-Araïch :

El-Fasia,	Andjera,	Bdaoua,
El-Gharbia,	Beni Ouedress,	Beni Ider.
Amar,	Beni Mesouer,	
Mezoura,	Djebel Habib,	

Influences politiques, etc. — A citer la famille du Pacha actuel, les Oulad Abdessadoq, qui descendent du premier
gouverneur de la ville, après l'occupation anglaise, Ahmed
Pacha Rifi. Les Abdessadoq paraissent, indépendamment
des charges qu'ils détiennent, avoir un certain ascendant
héréditaire sur l'élément Rifain.

Influences religieuses. — La plus importante est
celle du Chérif d'Ouezzan, El-Hadj Abdesselem ben el-Hadj
el-Arbi, qui habite à Tanger la plus grande partie de l'année.
Dans les basses classes de la population, surtout chez les
semi urbains, les travailleurs de la campagne, son ascendant pourrait s'exercer avec une grande autorité. Aucune
influence religieuse n'est comparable à la sienne.

Après Dar Ouezzan, le premier rang appartient aux Aissaoua.

Très nombreuses zaouiya :

Zaouiya Sidi Hassein Oulad Mouley Idriss, à Aine el-Assel;
— des Aissaoua, dite : Mouleit en-Nachla, à Bab Souk el-Dakhel;
— des Derkaoua, à Dar el-Baroud. Relève de celle de Sidi Ahmed el-Hadjiba, des Andjera;
— des Naceriyn, à Skaia;
— Touhamiya d'Ouezzan, à Ahl Tekkil;
— Dar Ouezzan (Beni Ider);
— Mouley bou Chetta, Sid sans confrérie;
— Sidi Mohammed ben el-Hadj, patron de la ville, qui a pour chef un descendant de Mouley bou Chetta, Sid el-Hadj Hachem;
— Sidi Gacem ben el-Hadj, frère du précédent.

EL-FASIA

Territoire. — Sahel de Tanger, autour de la ville, depuis la baie de l'Est, jusqu'à l'Altantique.

Origines; état social. — Tribu formée d'émigrés du Rif, des diverses fractions Sanhadja, qui suivirent Mouley Idriss el-Kebir comme Makhzen. Ils furent établis, au même titre, dans le Sahel de Tanger par Ahmed Pacha Rifi, lorsque la ville eut été reconquise sur les Anglais et placée sous son autorité. A ce premier noyau, se sont joints depuis de nouveaux émigrés de même provenance.

Les Fasia sont Djebala par la langue, la coutume et l'habitat.

Situation politique et administrative. — Tribu

dévouée au gouvernement régulier. Outre un contingent d'askar, elle fournit la plus grande partie des mokhazni de Tanger, sans être tribu Mokhazniya.

El-Fasia relève directement du Pacha de Tanger, représenté à la tête de chaque Dchar par des Moqaddem.

Fractionnement. — Deux subdivisions administratives : Fas Dachlani et Fas Berrani.

Pas de fractionnement constitutif.

Sans fractionnement par Dchour (1).

Influences politiques et religieuses. — Oulad Abdessadoq, famille du Pacha actuel, issue de Ahmed Pacha Rifi, très influente.

Quelques autres familles dont les chefs ont occupé des fonctions administratives, ont aussi quelqu'influence.

Oulad el-Kheched, Oulad Sid el-Arbi, Oulad Saidi, Oulad Mohammed, Oulad Caid Kaddour el-Hammadi, Oulad Abd el-Khaleq.

Pas d'influence religieuse générale, ou s'étendant au domaine politique.

Très nombreux Aissaoua.

Zaouiya de Hamadcha, relevant de celle du Djebel Zerhoun à Oued Doukar. Quelques Azib de Dar Ouezzan. Rhedem de toutes les zaouiya de Tanger.

---

1. Beni Makada,　　　　Mghoura,　　　　　Djebila,
　 Beni Diban,　　　　　Misnâna,　　　　　Bou Amar,
　 Beni Oughiagel,　　　Ez-Ziéten,　　　　Chouikreuch,
　 B'hareïn,　　　　　　Ammar,　　　　　　Hadjeriir,
　 Ech-Cherf,　　　　　Mghaïrar,　　　　　Dchar Rifin.
　 Tandja el-Balia,　　 Mediouna,

AMAR

Territoire. — A la limite du Sahel de Tanger, entre les Andjera, Fasia et Bdaoua.

Origines; état social. — Tribu arabe se rattachant au groupe des Séfian, Beni Malek, etc., et comme eux primitivement djich des Idrissiin. Les Amar habitent en dchour, tous petits, avec quelques tentes formant douar.

Situation politique et administrative. — Tribu très en main, relevant du commandant de Tanger. Naiba, elle fournit seulement le djich de harka.

Fractionnement. — Les Amar se divisent en deux fractions : Amar Touirsa et Amar Fasia.

Les Amar Touirsa, sans être nomades, comptent quelques douar mélangés avec les Khlout et Bdaoua.

Trois fractions : Oulad Moussa, Oulad Aissa, Oulad Hammou. 1.500 fusils.

Les Amar Fasia situés au nord des précédents, forment le djich régulier de Tanger. Ils ne comptent que quatre dchour : El-Mediar, Segdela, Hadjert en-Nahal, Aine Dahlia. 350 fusils.

Influences politiques et religieuses. — Les Amar Touirsa sont surtout Aissaoua ou Hamadcha, sans prédominance politique de ces influences religieuses.

Les Amar Fasia, au contraire, sont presque tous inféodés au chérif d'Ouezzan, dont le dchar de Segdala forme un azib.

EL-GHARBIA

Territoire. — Sur le littoral Atlantique, au sud de El-Fasia, entre Aine Dahlia, Akbat el-Hamra, et Chorf el-Akeb. Confine au territoire d'Azîla et au Sahel.

Origines ; état social. — Tribu arabe, établie sur son territoire par la dynastie actuelle. Quelques dchour-Douar fixes, avec maisons entourées de tentes et enclos d'épines. Quelques tentes se déplacent avec les troupeaux et vont jusqu'au Djebel Habib, chez les Bdaoua, les Khlout.

Situation politique et administrative. — Tribu dévouée à la dynastie régnante. Sans être tribu Makhzen au sens absolu du mot, elle fournit outre un contingent d'askar, un contingent de djich et les cavaliers nécessaires pour le service du commandement de Tanger dont elle relève directement.

Fractionnement. — Trois fractions avec Cheikh :
Oulad Khallouf;
Oulad Sbeïta;
Oulad Aiécha.

Douar :

Oulad Antar,	Oulad Feres,
Oulad ben Reian,	Oulad Aroun,
Bou Roussaïn,	El-Hahouina,
Oulad bou Draa,	Oulad Sidi Ahmed el-Mouddoun,
Ben Zouina,	Oulad Caid Gacem,
Aamar,	Oulad Rahan,
Oulad Riaina,	Khékfa,
El-Haiéchi,	Aine el-Henna.

Influences politiques et religieuses. — Deux familles influentes :

Oulad ben Reian,

Cheikh Thami el-Zouina.

Pas d'influences religieuses s'étendant au domaine politique.

Beaucoup d'Aissaoua, Rhedem de la Zaouiya de Tanger.

Nombreux Rhedem de Dar Ouezzan, qui y possède quelques Azib.

Les autres confréries n'ont qu'un rang très secondaire.

MEZOURA

Territoire. — Sahel de Tanger, entre les Fasia et les Sahal.

Origines; **état social**. — Fraction des tribus arabes du Gharb fortement mélangée d'éléments Djebala.

Situation politique et administrative. — Tribu très en main relevant de Tanger et à la dévotion du Pacha de la ville.

Fractionnement. — Une seule fraction.

Deux dchour :

El-Outed,

El-Adoua.

Influences politiques et religieuses. — Influence dominante de Ouezzan.

SAHAL

Territoire. — Tribu voisine des Khloût à l'Est, et située le long du littoral entre Azila et El-Araïch.

Origines ; état social. — Tribu semi arabe, se rattachant au groupe des Djebala par l'habitat.

Situation politique et administrative. — Tribu relevant d'El-Araïch. Très en main.

Fractionnement. — Les Sahal forment quatre fractions divisées en dchour, dont les principaux sont :

Tendafelt,	Âlia,
Rekkada,	Djedid,
El-Khamès,	Aine Guettâa.
Er-Roha,	Dchar Salem.

Influences politiques et religieuses. — Nombreux Aissaoua et Hamadcha.

Rhedem de Dar Ouezzan en minorité.

Quelques Kadriya.

II

GHARB

———

Cette désignation s'applique à toute la région située au nord du parallèle de Fès, à l'ouest de la zone montueuse qui s'étend de Tétouan à Ouezzan. Elle vise plus particulièrement le territoire des tribus arabes qui sont fixées dans les parages d'El-Araïch, Ksar el-Kebir et Ouezzan, au nord de l'Oued Ouerra, ou dans son bassin inférieur. Celles-ci seulement sont groupées sous ce titre collectif. Celles qui se trouvent au sud de Ksar el-Kebir, forment un commandement distinct, dit du Gharb, mais relèvent de trois grands Caïdats : un d'El-Araich et deux du Gharb.

		FUSILS	CHEVAUX
VILLES	Arzila	1.800	
	El-Araïch	1.000	
	Ksar el-Kebir	1.000	
	Ouezzan	800	
TRIBUS	Bdaoua	1.000	200
	Khloût	2.500	3oo
	Tlig	4oo	5o
	Séfian	1.500	25o
	Beni Malek	2.000	6oo
	Oulad Zéian	2.5oo	15o

		FUSILS	CHEVAUX
TRIBUS	Bhara	700	5o
	Mnassera	1.4oo	100
	Chléat	3oo	
	Amamra	2.5oo	15o
	El-Ferakcha	1.ooo	200
	El-Chkakfa	8oo	100
	Oulad Khelifa	2.ooo	200
	El-Harakta	4oo	
	El Neghamcha	35o	
	Doukkala	1.ooo	
	Sidi Omar el-Hadi	6oo	
	Hidjaoua	1.4oo	15o
	Oulad Aïssa	1.5oo	100
	Aouf	1.5oo	5o

AZILA

Petite ville au sud de l'embouchure de l'Oued el-Akouas, sur le bord de la mer. Port mauvais, sans relations avec Tanger, sauf par cabotage.

La population est surtout composée des gens du Sahel, notamment des Sahal, dont elle dépend politiquement.

Zaouiya d'Aissaoua et de Taibiya sans influence.

EL-ARAICH

Territoire. — Port à l'embouchure de l'Oued el-Goûts.

Origines. — Après avoir été une simple bourgade marocaine, El-Araïch devint sous les dominations portugaise et espagnole, le port le plus actif de la côte et un centre très important. Elle est aujourd'hui déchue de son ancien rang. Son port, obstrué par une barre, n'est praticable qu'aux bâtiments de moins de 200 tonneaux.

État social. — Centre demi européen. L'élément chrétien y est représenté par les agents de quelques maisons de commerce, et vit mélangé dans la ville à l'élément musulman. En tout 4.000 habitants.

Situation politique et administrative. — El-Araïch est le siège d'un des trois grands commandements du Gharb. Du Sahel de Tanger, le territoire qui relève du Pacha de la ville s'étend jusqu'au sud de Ouezzan, et vers l'Est jusqu'au massif du Djebel Alem.

Les tribus qui relèvent d'El-Araïch sont d'ailleurs mélangées avec celles du Gharb proprement dit.

Outre une mia (compagnie) d'askar de la ville, la force armée est représentée par un détachement de 500 fusils des Meknessa (Oudaïa de Meknès), qui, à titre de Makhzen, viennent camper près du Ksar et sont périodiquement relevés.

Influences politiques et religieuses. — La fraction des Oulad bou Ilaoui, des Khloût, forme la principale famille. Le reste de la population est composé d'éléments divers.

Zaouiya :

Touhamiya (Dar Ouezzan),	Aissaoua.
Kadriya,	Hamadcha.

KSAR EL-KEBIR

Territoire. — Près de l'Oued El-Goûts, au nord-ouest du Djebel Sarsar.

Origines ; état social. — Ancien centre portugais qui, sous la domination chrétienne, avait une importance aujourd'hui déchue. Commerce local assez actif cependant avec les tribus voisines. Nombreux jardins. La population est mélangée de Khloût, Sahal, etc., avec quelques marchands de Fès.

Situation politique et administrative. — Ksar el-Kebir relève d'un Caïd local et forme un commandement indépendant. Pas de rôle politique. Cependant en ces derniers temps, l'agent consulaire de France, en étendant beaucoup le nombre de ses protégés, en avait fait le foyer d'un mouvement administrativement hostile au Makhzen.

Influences politiques et religieuses. — Les influences religieuses dominantes sont celles de Dar Ouezzan et des Chorfa Kadriya de Salé. En outre, Zaouiya d'Aïssaoua, Hamadcha et Derkaoua.

OUEZZAN

Territoire. — A mi hauteur des collines qui forment le prolongement du Djebel Masmouda et continuent la chaîne du Sersar vers l'Oued Rdat. La ville est entourée par les Masmouda au Nord, les Hidjaoua et les Beni Mestera au Sud et à l'Est.

Origines ; état social. — Ouezzan fondée par Mouley Abdallah Chérif, chef de la famille des Chorfa d'Ouezzan, était primitivement un simple dchar des Beni Mestera. C'est malgré eux que Mouley Abdallah en fit sa Zaouiya, et depuis, cette tribu est toujours restée hostile à sa descendance.

Situation politique et administrative (1). — Ouezzan constitue une exception politique au Maroc. Résidence des Chorfa d'Ouezzan elle avait toujours été considérée comme un fief indépendant des Sultans, jusqu'au règne actuel. Meharrin, exemptés de toute redevance, de toute obédience, les Chorfa n'avaient avec la famille régnante que des relations de quasi égalité dans le domaine religieux. Politiquement, ils représentent d'ailleurs la lignée la plus illustre. A leurs privilèges naturels, s'en est ajouté un autre. Sous Mouley Taieb, Ouezzan tout entière est devenue lieu d'asile, au même titre que la mosquée de Sidi Idriss à Fès, d'où le nom de Dar el-Damanna (maison de l'asile) donné à la maison d'Ouezzan (Dar Ouezzan) sous lequel est en général désignée la famille.

Mouley Hassen, lorsque le chef actuel de Dar Ouezzan, Sid el-Hadj el-Arbi, est entré en relations avec nous, a voulu établir son autorité sur la ville. Il y a mis un Caïd, el-Hadj Abd el-Djebar, chef d'une branche cadette de la maison, hostile au Chérif. Le Ministre de France a alors exigé sa révocation. Au mois de janvier 1890, le même invidu a été replacé dans sa charge.

Vis-à-vis du Sultan, Ouezzan jouissait ainsi d'une entière indépendance; il n'en était pas de même vis-à-vis des tribus voisines, des Beni Mestera surtout. Quoique Rhedem de la Zaouiya, ceux-ci ont souvent pillé la ville. En 1885 notamment, ils l'ont pendant plusieurs mois coupée de toute communication avec l'extérieur, venant piller jusqu'aux tom-

1. V. *Documents sur le Nord-Ouest africain*, I, p. 373-74.

beaux des Chorfa, et enlevant des jeunes filles, des petits garçons pour les vendre dans l'intérieur. Il a fallu deux expéditions pour les réduire. Encore leur soumission n'a-t-elle été que momentanée. Ils sont actuellement (janvier 1890) de nouveau en insurrection.

Fractionnement. — Ouezzan ne forme qu'une seule ville. Mais dans sa banlieue, à 1.500 mètres, se trouve un village, Gcheriin, qui en dépend ainsi que trois ou quatre dchour avoisinants. L'ensemble du fief de Dar Ouezzan, du territoire patrimonial des Chorfa, s'étend ainsi sur trois kilomètres de rayon environ, autour de la ville. La population est formée en majorité des Chorfa et de leur clientèle, avec un appoint d'étrangers venus en asile. Il s'y trouvait ces dernières années, un certain nombre de renégats, attirés par le Chérif et qui lui servaient de garde personnelle. Presque tous ont quitté la ville.

Influences politiques et religieuses. — Ouezzan est le siège de la Zaouiya des Chorfa de ce nom, Zaouiya qui est en même temps celle de la confrérie de Mouley Taieb, ou Mouley Thami, dont la direction appartient au chef de la famille.

L'influence de Dar Ouezzan est la plus grande du Maroc au point de vue religieux. Au point de vue politique, elle prend rang après celle du Sultan.

Elle est prédominante chez les Djebala du Nord, dans le Rif, très étendue dans le Touat, dans l'Atlas, dans les montagnes du Sous, fort importante partout, sauf chez les tribus purement arabes.

C'est la seule qui puisse, à un moment donné, provoquer au Maroc un mouvement politique général contre la dynastie actuelle. Dar Ouezzan représente en effet la lignée des Idrissiin, de la souveraineté la plus populaire, en opposition à celles des Alaouiin, des Sultans actuels. Le chef de la famille, Lid Abdesselem ben el-Hadj el-Arbi, protégé français, a mis tout son ascendant au service de notre cause. Il est sinon mourant, du moins assez gravement atteint pour que ses jours doivent paraître comptés. Son successeur, qui est son fils aîné, Sid el-Hadj el-Arbi, s'est jusqu'ici cantonné dans le domaine religieux. Il nous est hostile et entretient des bonnes relations avec le Sultan.

BDAOUA

Territoire.— A l'ouest du Djebel Alem , au nord-ouest de l'Oued el-Goûts et de Ksar el-Kebir, du Djebel Habib à Arzila, en longeant le Sahel ; voisin à l'Est des Beni Arouss et Beni Gourfot ; commun au Sud avec celui des Khloût.

Origines ; état social. — Tribu arabe, originaire du Hedjaz et considérée comme d'extraction noble.

Les Bdaoua campent sous la tente et ont quelques maisons au milieu des douar. Ils sont en partie nomades, mais se déplacent peu.

Situation politique et administrative.—En raison de leur origine et comme ayant rendu des services signalés aux Sultans, les Bdaoua sont traditionnellement Meharrin, affranchis de toutes redevances. Ils étaient seulement astreints en principe, à venir aux trois Aïd faire le Lab el-Kheil, la fantasia, devant le Sultan. Aujourd'hui ils sont soumis à l'impôt, mais naiba, ne fournissent ni askar ni djich.

La tribu s'est fort appauvrie numériquement par suite de la tradition qu'ont conservée les Bdaoua, de ne se marier qu'entre eux.

Les Bdaoua relèvent de Tanger et ont quatre Cheikh à taba (le Cheikh investi).

Tribus tranquille et bien en main.

Fractionnement. — Fractions :

El-Hamamat,

Haouz Larbaa,

Della Zera,

Oulad el-Hadj Ali ben Hamied.

Oulad el-Hadj Amar,

Oulad Bel Embareck,

Dererga.

Influences politiques et religieuses. — Les Bdaoua sont presque tous Rhedem de Bou Abid Cherki.

Quelques Chorfa Beni Arouss, et Azib de ceux-ci dans la tribu.

Pas d'influences politiques.

KHLOUT

Territoire. — Territoire commun avec les Tlîg, Séfian et Beni Malek qui comptent avec les Khloût, et vers le Nord avec les Bdaoua, vers l'Est avec les Ehl-Serif et Beni Gourfot. Il s'étend dans la vallée de l'Oued Mgarouel au Nord, de l'Oued Ouarrour au centre, du massif du Djebel Alem à l'Atlantique, entre El-Araïch et Arzila. Il descend au Sud jusqu'à Ksar el-Kebir.

Origine; état social. — Les Khloût sont en partie Djebala, en partie Arabes d'extraction, mais complètement arabisés comme état social. L'élément Djebala est originaire des Ghomara et l'élément arabe Hilalien. Autrefois tribu Makhzen, des Beni Merin, ils ont encore une fraction dans le Haouz de Meknès qu'ils occupaient primitivement.

Ils campent tous sous la tente quoique ayant quelques

maisons pour l'emmagasinage des grains au milieu des douars. Ceux-ci sont entourés de haies d'épines et rarement déplacés. Tribu semi sédentaire.

Situation politique et administrative. — Les Khloût formaient anciennement une unité administrative avec les Tlîg, Séfian et Beni Malek, chacune de ces tribus payant un quart de l'impôt total. Actuellement, les Tlîg comptent avec eux. Ils sont complètement soumis et tranquilles, mais Naiba, ils ne fournissent pas d'askar, et coopèrent seulement aux harka.

Les Khloût et Tlîg relèvent d'El-Araïch.

Fractionnement. — Deux grandes fractions :
Oulad Hamed,
Oulad Zahra.

Subdivisées en :

El-Bdour,
Oulad Zitoun,
Souahla,
Ougdjem,

Oulad Amran,
Dreissa,
Outleg.

Influences politiques et religieuses. — Pas d'influences politiques.

Rhedem Dar Ouezzan (Sid el-Hadj Abdesselem) dont l'influence peut s'exercer dans le domaine politique.

Rhedem Sidi Abdesselem Beni Mechich.

Nombreux Derkaoua relevant de la Zaouiya de Tezrada (Beni Zéroual) et inféodés à son chef, Sidi el-Arbi ben Zéroual, qui est lui-même Mokaddem de la Zaouiya El-Harraq, de Fez.

Ouali local : Sidi Embareck ben Omran, Sîd, sans Zaouiya.

TLIG

Territoire. — Au milieu des Khloût.

Origines ; état social. — Fraction des Haméyan de
Fez, envoyée chez les Khloût, par Mouley Sliman, pour
mettre fin à leur brigandage.

Comptent administrativement avec les Khloût et n'en dif-
fèrent plus guère.

Fractionnement. — Fractions :
    Oulad Sidi Ali bou Ghouis (Chorfa Idrissiin),
    Oulad Ahmed el-Harti,
    Oulad Sidi Ali bou Djemaa.

Influences politiques et religieuses. — Les Oulad
Sidi bou Ghouis, dont les autres Tlîg sont serviteurs religieux,
ont à ce titre quelque influence.

SÉFIAN

Territoire. — Territoire commun avec les Khloût et
Beni Malek.

Origines; état social. — Tribu arabe, de race pure,
primitivement installée dans le Saïs de Fès et de Meknès,
avec les Haméyan. Servait de Makhzen aux sultans Méri-
nides. Envoyée dans son territoire actuel par les Alaouiin
(dynastie régnante).

Les Séfian habitent exclusivement la tente avec quelques
maisons pour l'emmagasinage des grains, autour desquelles
sont établis les douar. Ils sont partiellement nomades.

Situation politique et administrative. — Tribu soumise, qui fournit comme les Khloût des contingents de harka, mais pas d'askar. Elle relève du Gharb, Caïdat de Er-Remouch.

Fractionnement. — Outre les Séfian proprement dits, comptent avec eux les :

Oulad Rebeia,

Oulad Mousebaa, Chorfa Idrissiin, de la famille de Lallah Mimouna Taguenaout.

Influences politiques et religieuses. — Outre les Chorfa Oulad Mousebaa, les Séfian sont Rhedem de Mouley Ali bou Ghâlem, Chérif Idrissi, et Sîd sans Zaouiya.

Un certain nombre d'Hamadcha.

BENI MALEK

Territoire. — Commun avec les Khloût et Séfian.

Origines; état social. — Même origine, même état social que les Séfian.

Situation politique et administrative. — Comme les Séfian, mais relèvent du second Caïd du Gharb, El-Abbassi.

Fractionnement. — Fractions :

Drerna,

Chahrana, fraction autrefois très importante, à laquelle appartenait l'Imam Chahrani.

Influences politique et religieuses. — Les Beni Malek sont surtout Aissaoua.

Pas d'influence politiques.

OULAD ZÉIAN

Territoire. — Sur le littoral, au sud d'El-Araïch.

Origines ; état social. — Tribu arabe du même groupe que les Oulad Zéian de Tlemcen et ceux des Chaouïa. Vivant sous la tente, en douar, établis souvent autour de maisons destinées à l'emmagasinage des grains. Une partie des tentes se déplacent au printemps avec les troupeaux.

Situation politique et administrative — Tribu soumise qui fournit des nezala, douar de garde, sur la route d'El-Araïch à Rabat. Outre l'impôt, et les redevances du même genre, elle donne des contingents de harka. Pas d'askar. Une partie de la tribu relève du commandement d'El-Araïch, l'autre du Gharb (el-Abbassi).

Fractionnement. — Deux grandes fractions :
Oulad Zérouan,
Oulad Sbéah.

Influences politiques et religieuses. — Quelques Rhedem de Dar Ouezzan. Quelques Kadriya relevant de la Zaouiya de Mouley el-Mekki, de Salé.

Mais les Oulad Zéian sont surtout Rhedem de Mouley bou Sellam (Abou Maarouf el-Kharki) patron du Gharb et dont la Koubba, sans Zaouiya est un but de pèlerinage très fréquenté.

EL-BAHRA

Territoire. — Sur la route d'El-Araïch à Rabat, au sud des Oulad Zéian.

Origines; état social. — Les El-Bahra comprennent un noyau de Chorfa (60 tentes) et un nombre plus considérable d'étrangers de diverses provenances (200 tentes de Doukkala, Beni Ahsen, etc.) groupés autour d'eux. La tribu est arabe de langue et de coutumes, quoique comprenant des éléments berbères. Elle est en partie nomade, mais ses douar ne se déplacent que dans une zone restreinte.

Situation politique et administrative. — Les El-Bahra, meharrin en tant que Chorfa, servent de bergers au Sultan pour ses troupeaux de bœufs. Ils ne sont assujettis à aucun autre service, et ne dépendent du gouvernement d'El-Araïch qu'au point de vue de la police locale. Ils ont des nezala sur la route de Rabat.

Fractionnement. — Deux fractions de Chorfa Idrissiin :

Oulad Sidi Ahmed ben Ali,
Oulad Sidi el-Ayéchi.

Influences politiques et religieuses. — Les Chorfa ont pour Rhedem tous les éléments étrangers de la tribu.

De nombreuses Koubba de leurs ancêtres, dont sept réunies sur un même point, près de la frontière des Menassera, et de Mouley bou Sellam, sont le but de pèlerinages importants.

Toute cette région a été autrefois un centre d'enseignement religieux très fréquenté.

EL-MENASSERA

Territoire. — Sur la route d'El-Araïch à Rabat, au sud des Bahra, qu'il entoure à l'Est.

Origines; état social. — Les Menassera sont Chorfa Idrissiin. Quelques étrangers, fixés parmi eux, comptent dans la tribu. Celle-ci appartient au groupe arabe. Les indigènes vivent sous la tente, mais sont semi sédentaires, leurs douar ne se déplaçant que rarement et dans un rayon restreint. Quelques tentes seules s'éloignent avec les troupeaux au printemps.

Situation politique et administrative. — En tant que tribu Chérifienne, les Menassera sont meharrin en principe. Dans la pratique, quoique ne fournissant pas d'askar, ni de contingents aux harka, ils sont exploités par les agents du commandement sous prétexte d'impôt, comme les tribus voisines.

La tribu relève administrativement d'El-Araïch.

Fractionnement. — Quatre grandes familles de Chorfa.
 Oulad Sidi Mohammed ben Abd el-Ouahab,
 Oulad Sidi Ahmed ben Khelifa,
 Oulad Sidi el-Ayéchi,
 Oulad Sidi Ahmed ben Abdelhaq.

Influences politiques et religieuses. — Les Menassera ne subissent aucune influence religieuse extérieure. Ils ont eux-mêmes des serviteurs religieux dans les tribus voisines.

Grande Zaouiya de Sidi Mohammed Mansour, sur un îlot au milieu d'un marais, où tout le Gharb vient en Mousem annuel. Les Caïd eux-mêmes s'y rendent.

Nombreuses Koubba de Chorfa, entre autres Sidi Abdesselem ben Iemba, des Oulad Sidi Mechich.

CHLÉAT

Territoire. — Sur la rive droite du Sébou en face de Méhédiya.

Situation politique et administrative. — Ces Chléat, originaires du Sous (Chleuh), forment trois douar comptant en tout 150 à 200 tentes, établies sur la rive droite du Sébou, en face de Méhédiya, comme Makhzen et nezala de la route de Rabat.

Ils dépendent du gouvernement militaire de Méhédiya et ne sont astreints en principe qu'à leur service de garde et de police locale.

AMAMRA

Territoire. — Sur le Sébou (rive droite) entre les Menassera et les Ferakcha.

Origines ; état social. — Tribu arabe, semi nomade, vivant sous la tente, en douar, dont une partie ne quitte pas les cultures du Sébou, l'autre suivant les troupeaux.

Les Amamra sont originaires des Beni Ahsen, tribu des Ameur ; une autre partie de leur propre fraction, fixée sur la rive gauche du Sébou, compte avec les Beni Ahsen. Ceux du Gharb se sont séparés de leurs frères à la suite de luttes locales.

Situation politique et administrative. — Les Amamra sont comme les Beni Ahsen, pillards, batailleurs, très peu en main.

Ils relèvent du Gharb (commandement de Er-Remouch).

Influences politiques. — Les Amamra sont surtout Rhedem de Bou Abid Cherki. Quelques Chorfa Cherkaoua ; les Oulad Sidi el-Malki vivant parmi eux.

EL-FERAKCHA. CHKAKFA

Territoire. — Sur la rive droite du Sébou, à l'est des Amamra. Les Chkakfa occupent le confluent du Ouerra.

Origines ; état social. — Les Ferakcha et Chkakfa appartiennent au groupe des Arabes Ahl el-Gharb et ne formaient primitivement qu'une seule tribu semi sédentaire. Les douar ne quittent guère la région des cultures dans la vallée, quelques tentes seules suivant les troupeaux.

Situation politique et administrative. — Tribus soumises à l'impôt, mais naïba, ne fournissent pas d'askar. Elles sont batailleuses et leurs fractions se trouvent souvent aux prises. Les Ferakcha surtout sont réputés très voleurs. Mais ils ne pillent pas les caravanes, volant seulement de nuit. C'est chez eux une tradition de ne pas jurer. Le voleur déféré au jugement, rend ce qu'il a dérobé.

Les Ferakcha dépendent du commandement de El-Abbassi et les Chkakfa de celui de Er-Remouch.

Fractionnement. — El-Ferakcha : deux fractions :
    Zaitrat,
    Oulad Selama.

Influences politiques et religieuses. — Rhedem de Dar Ouezzan (Touhamiya). Les Chorfa d'Ouezzan ont un certain nombre d'Azib sur le Sébou.

OULAD KHELIFA

Territoire. — Entre les Amamra et Ksar el-Kebir,

dont ils sont séparés par les Harakta et les Neghamcha, à l'ouest du Sersar.

Origines; état social. — Tribu arabe des Ahl el-Gharb, vivant sous la tente, en douar à peu près fixes, avec gourbis et maisons pour les grains.

Les Oulad Khelifa sont Chorfa avec nombreux étrangers.

Situation politique et administrative. — Les Oulad Khelifa sont meharrin, exempts d'impôts et de service militaire, en tant que Chorfa. Mais ils payent des Hédia qui équivalent à un lourd impôt. Ils dépendent du Gharb, commandement d'El-Abbassi.

Fractionnement. — Deux grandes familles :
Oulad Sidi Mohammed el-Ahmar,
Oulad Sidi Mohammed-ben-Idriss,
autour desquelles se groupe l'élément étranger.

Influences politiques et religieuses. — Nombreuses Koubba des Chorfa de la tribu. Ceux-ci ont pour Rhedem les étrangers comptant avec eux. Mais ils subissent eux-mêmes et ces derniers également, l'ascendant religieux des Chorfa Kadriya de Rabat et Salé.

EL-HARAKTA. — EL-NEGHAMCHA

Territoire. — Au sud de Ksar el-Kebir et à l'ouest du Sersar.

Origines; état social. — Tribus arabes de même origine, comptant parmi les Ahl el-Gharb. Semi sédentaires. Les douar sont entourés de haies d'épines et comprennent parfois des gourbis, des maisons en pisé. Quelques tentes se déplacent avec les troupeaux.

Situation politique et administrative. — Tribus soumises et tranquilles. Elles sont naïba, ne fournissent pas d'askar. Les Harakta relèvent de Er-Remouch, les Negham-cha d'El-Abbassi.

Influences politiques et religieuses. — Pas d'in-fluences prédominantes. Les tribus comptent des Rhedem de toutes les confréries de la région :

Dar Ouezzan,   Raziin,
Aissaoua,   Hamadcha, etc.

DOUKKALA

Territoire. — Autour de Lallah Mimouna Taguenaout, à l'ouest de Ksar el-Kebir.

Origines ; état social. — Groupe de douar qui se sont sauvés du pays de Doukkala pour fuir les exactions du Makhzen et se sont successivement réfugiés aux abords de Lallah Mimouna.

Fraction arabe, vivant sous la tente, mais en douar res-serrés et fixés autour de la Koubba.

Situation politique et administrative. — Les Doukkala de Lallah Mimouna sont considérés et traités comme en lieu d'asile. Ils payent l'impôt, mais ne fournissent au-cun service militaire et ne sont pas exploités. Ils ont un Cheikh qui relève du Gharb, commandement d'El-Abbassi.

Influences religieuses. — Les Doukkala sont exclu-sivement Rhedem de Lallah Mimouna, fille du sultan Mouley

Yakoub ben Mansour, mort en Syrie. Elle n'a pas eu d'enfants et n'est révérée que comme patronne, sainte.

Pas de Zaouiya. Mousem annuel.

OULAD SIDI OMAR EL-HADI

Territoire. — Entre le Sébou et Ouezzan, à trois heures de cette ville.

Origines; état social. — Sidi Omar el-Hadi, n'est à proprement parler qu'une Zaouiya autour de la Koubba du Sid. La Zaouiya est occupée par les Chorfa Oulad Sidi Omar, autour desquels sont venus se grouper des Chorfa de toute provenance. Cette population comprend 300 à 350 feux et vit partie sous la tente, partie dans des gourbis et quelques petites maisons, en douar ou mecheta très resserrés.

Éléments arabes et berbères mélangés. Tout le monde est armé comme chez les Djebala.

Situation politique et administrative. — Les Oulad Sidi Omar el-Hadi sont meharrin, ainsi que leurs serviteurs religieux, et tout ce qui dépend de la Zaouiya. Ils relèvent nominalement du commandement de Ouezzan, et depuis sa suppression, d'El-Araïch.

Influences politiques et religieuses. — Aucune influence étrangère.

Les Oulad Sidi Omar el-Hadi sont issus des Chorfa d'Ouezzan, mais indépendants de Dar Ouezzan.

Les tribus voisines viennent en Mousem à la Zaouiya.

AOUF

Territoire. — Dans le bassin de l'oued Ouerra, entre le Gharb, les Setta, Beni-Malek et Beni-Mestera. Ils sont en partie mélangés avec les Beni-Malek.

Origines ; état social. — Tribu arabe qui habite partie des dchour, partie des douar. Presque complètement sédentaire.

Situation politique et administrative. — Tribu Makhzen, fournissant un thabor d'askar et quelques chevaux de djich. Elle est commandée par un Caïd pris parmi ses membres (Caïd ould el-Âfia).

Fractionnement. — Un grand dchar : Oulad Ketir. Pas de fractions constitutives; fractionnement par douar et dchour.

Influences politiques et religieuses. — Pas d'influences prédominantes.

Rhedem de Dar Ouezzan et Abdesselem-ben-Mechich. Quelques Derkaoua et Aissaoua.

HÉDJAOUA

Territoire. — Entre les vallées du Sébou et du Ouerra, sur la route de Fès à Ouezzan.

Origines; état social. — Tribu arabe venue du Hedjaz à la suite de Mouley Idriss. Une partie de la tribu est établie près des Riata, entre eux et Taza. Elle était autrefois toute entière fixée près de Fès. Les Hédjaoua sont sédentaires et habitent partie en dchour, partie en douar.

Situation politique et administrative. — Tribu naïba, payant l'impôt et fournissant un contingent d'askar peu nombreux. Elle est en main et tranquille. Les Hédjaoua font partie du commandement d'El Araïch.

Fractionnement. — Principaux dchour :
Klaba,
Thalba,
Hadjer el-Ouaqaf.

Influences politiques. — Quelques Aissaoua. Mais l'influence prédominante est celle de Ouezzan. Le Chérif d'Ouezzan y possède de nombreux Azib, notamment Azib el-Mazeria, sur le Sébou, un des plus importants.

OULAD AISSA

Territoire. — Entre les Chéraga, Hédjaoua et Oudaïa, bassin du Ouerra.

Origines; état social. — Tribu arabe, du même groupe que les Beni-Malek et venue du Hedjaz à la suite de Mouley Idriss. Elle était primitivement campée dans le Haouz de Fès. Les Oulad Aissa sont devenus sédentaires dans leur territoire actuel et habitent pour la plupart des dchour.

Situation politique et administrative. — Tribu soumise et bien en main, naïba, fournit un contingent d'askar. Dépend du Gharb, commandement du Caïd el-Abbassi, des Beni-Malek.

Fractionnement. — Fraction principale :

Beni Bou Rezala

Influences politiques et religieuses. — Influence dominante : Dar Ouezzan. Quelques Aissaoua et Hamadcha. Tous les Oulad Aissa sont en même temps Rhedem de Mouley bou Chetta.

III

HAOUZ FÈS. SAÏS.
HAOUZ MEKNÈS.

———

Le Haouz (environs) de Fès comprend, sinon géographiquement, du moins au point de vue administratif, toutes les tribus soumises qui avoisinent la ville, à l'exclusion des tribus berbères semi indépendantes, qui à l'Est sont très rapprochées. — Le Saïs est la plaine intermédiaire entre Fès et Meknès. Cette dernière ville n'a pas de Haouz à proprement parler, ou du moins les tribus soumises qui l'avoisinent comptent dans le Saïs. A ce groupe de tribus on peut rattacher la petite ville de Sfrou et le Ksour du Djebel Zerhoun.

		FUSILS	CHEVAUX
VILLES	Fès	10.000	
	Meknès	3.500	
	Sfrou.	500	

		FUSILS	CHEVAUX
TRIBUS HAOUZ FÈS	Doui Ménia.	5oo	6oo
	Oulad Sidi Cheikh	100	20
	Ahmour.	200	5o
	Sédja.	65o	5o
	Chéraga.	3.000	1.000
	Oulad Djema	1.5oo	1.5oo
	Oulad Mtaa.	8oo	100
	Oudaïa	3.000	2.000
	Oulad el-Hadj	1.000	200
	Ait-Aïech	1.5oo	15o
	El-Behalil	2.000	
SAIS	El-Maïa.	6oo	200
	Oulad En-Nser	8oo	5oo
	Tkhissa	7oo	4oo
	Séflan, Beni-Malek, Khloùt	7oo	25o
	Oudaïa	»	»
	Chérarda	4.5oo	2.000
	Djebel-Zerhoun	5.000	3.oo
	Haméyan	1.700	

FÈS[1]

Territoire. — Fès située près du Sébou, sur la dernière pentes des montagnes des Chérarda, couvre trois collines séparées par deux ravins. Elle se divise en deux villes : Fès el-Bâli, la plus grande, et Fès Djedid qui renferme la Kasbah et le Mellah. Entre les deux s'étendent des terrains vagues,

(1) En partie d'après Erckmann (*Le Maroc moderne*), p. 23-28 et 135-136.

le palais et le jardin de Boujloud, résidence du sultan, et la Kasbah des Chérarda.

Les rues, très étroites, en pente rapide, forment un réseau confus, sans artères principales. Chaque ville est elle-même divisée en quartiers (Hôma), — 18 à Fès el-Bâli, — séparés par des portes de rues, et divisés par d'autres portes en nombreux îlots.

Une enceinte avec tours carrées formant bastions, entoure chacune des deux villes et l'espace intermédiaire.

Fès el-Bâli est alimentée en eau par l'oued Fès, qui traverse la ville en deux bras, et Fès Djedid par un aqueduc. Un système très complet d'écluses et d'égouts permet d'inonder les rues pour les laver et de recevoir les eaux ménagères, etc...

Origines. — Fès el-Bâli a été fondée en 793, par Mouley Idriss Seghir. Elle fut longtemps divisée en deux quartiers, séparés par une enceinte, Adoua el-Andalouces et Adoua el-Karaouïn du nom d'émigrés d'Espagne et de Kairouan.

Fès Djedid a été construite en 1276 par les Beni-Merin.

État social. — Fès est la principale capitale du Maroc, son premier centre politique. En vertu d'une tradition constante, l'investiture, l'option de ses Euléma sont nécessaires pour valider l'élection des sultans.

Cependant, comme centre religieux, elle est fort déchue de son ancienne importance, et n'est plus le rendez-vous unique des Tholba, bien que ses écoles soient encore fréquentées.

Elle doit surtout son rang actuel, au chiffre de sa population d'abord, à son rôle de capitale préférée des sultans et de principale résidence des agents du gouvernement, candidats, titulaires en fonctions, ou anciens employés de tout rang, puis à son mouvement commercial qui est considérable. Sauf les Chorfa, les Tholba et Euléma, les agents du Makhzen, il n'est pour ainsi dire aucun habitant qui ne soit commerçant ou ouvrier de quelque industrie.

Situation politique. — Bien que capitale du Maroc septentrional, et principale résidence du Makhzen, Fès a une existence politique autonome. Ses habitants se sont toujours montrés jaloux de cette situation. Ils n'ont cessé de jouer un rôle actif dans les élections des sultans. Mouley Hassen, lui-même, les a eus pour adversaires et n'a pu entrer dans la ville qu'après en avoir fait le siège.

La masse de la population reste cependant étrangère aux fluctuations de la politique gouvernementale, à l'exclusion des Euléma, qui ont une influence marquée sur le sultan, et dont les conseils, les requêtes, toujours empreints d'un esprit très étroit, hostile aux Européens, sont souvent écoutés. C'est surtout comme parti, comme çof que les gens de Fès, ont part aux affaires intérieures : ils sont ainsi ralliés actuellement en majorité à la cause de Mouley Smaïn, frère du sultan, et peu s'en est fallu, pendant une grave maladie de ce dernier, en 1887, qu'ils ne le lui donnent pour successeur de son vivant même.

D'une manière générale, on peut considérer la population de la ville comme systématiquement hostile au gouvernement établi, quoique évitant de donner aucune prise par son attitude, une fois la période des troubles qui marquent chaque changement de règne, terminée.

Situation administrative. — Fès est divisée en trois commandements, un pour Fès Djedid, deux pour Fès el-Bâli. Chacun des Pacha de la ville a en outre sous son autorité un certain nombre de tribus du voisinage. La police locale est assurée par des chefs de quartiers, Moqaddem el-

Hôma, qui en sont à proprement parler les Caïd, et indépendamment de ceux-ci par les Moulinn-Dâr, agents de police secrète, qui dépendent d'un chef spécial relevant lui-même directement du Makhzen.

Les Moqaddem el-Hôma sont chargés de tous les détails de l'administration courante de leurs quartiers.

La surveillance des marchés, la perception des droits de vente, sont confiées au Metasseb et aux Moulinn-Nkas.

Enfin la juridiction des affaires litigieuses entre particuliers appartient aux Cadi, et l'établissement des actes notariés de tout genre aux Adoul.

Les Chorfa ainsi que les Euléma, forment deux castes distinctes, deux fractions, non comprises au point de vue administratif parmi le reste de la population.

A la tête des premiers, se trouve un Amin ech-Chorfa, dont ils relèvent uniquement pour toutes les affaires délictueuses, pour toutes les questions de commandement et d'administration.

Quant aux Euléma, on peut les considérer comme formant, administrativement, une corporation libre d'attaches gouvernementales, sauf en ce qui concerne la perception et l'emploi des revenus des mosquées et zaouiya, les Habbous, qui sont gérés par des fonctionnaires nommés par le Makhzen, les Nader.

Situation militaire. — Fès est dominée par deux petits forts isolés, sans portes apparentes et qui n'ont aucune valeur, ce sont de simples blockhaus. Sa principale force défensive consiste dans la nature des voies de communications intérieures : les rues forment un labyrinthe inextricable, où il serait très difficile à des assaillants, de s'aventurer, même en nombre, si la population poursuivait la lutte, après la prise des remparts.

Ceux-ci constituent aussi un obstacle assez sérieux, moins

par leur hauteur (8 à 10 m.) et par leur épaisseur (2 à 3 m.) à leur base, que par la nature de leur construction. Ils sont tout entiers en pisé et les projectiles ordinaires de campagne en auraient difficilement raison. Une armée assiégeante ne pourrait les détruire qu'à la mine où à la sape, procédé exclusivement employé dans les guerres intestines.

Mais la ville est dominée à très faible distance par les hauteurs voisines et ne pourrait, en raison du groupement même de ses maisons, tenir contre un bombardement de quelques heures.

Il est d'ailleurs hors de doute, étant données les habitudes commerciales de la population, qu'elle ne résisterait pas à une démonstration faite par des forces de quelque importance.

Outre quelques thabor (bataillons) d'askar, recrutés dans la ville même, Fès compte comme garnison permanente, indépendamment des troupes qui accompagnent le sultan, deux mia (compagnies) d'artillerie, chargées du service des pièces de la Kasbah des Chérarda et de la Kasbah de Fès Djedid.

Mais les principales forces de la place sont les contingents des tribus Makhzen du voisinage. Le chiffre total de la population de Fès est de 70.000 habitants, pouvant fournir 10.000 fusils.

Fractionnement. — Principales familles ou fractions :

Oulad-ben-Djelloul : Andalouces, marchands, mais considérés comme d'extraction noble.

El-Fésiin : Fraction de Tholba. C'est parmi eux qu'est choisi le Khatib du sultan, pour les prières du vendredi.

Oulad-ben-Nis : Fraction de marchands très considérée. Elle a fourni un des derniers ambassadeurs en France.

Gheghatsa : Fraction arabe originaire du Hedjaz.

Sferiin : Fraction originaire du Khorassan. Subissent l'influence des Oulad el-Moulleb benou Abi Sefra.

Oulad-ben-Souda : Originaires des Andalouces. Fraction de Tholba. Fournissent les Cadi.

Influences religieuses. — Nombreux Chorfa : Idrissiin et Alaouiin; puis Sakaliin, Tahariin (Andalouces), Yamaniin (venus du Yémen), Kitaniin, El-Harakiin (venus de l'Irak).

. Les Alaouiin représentent surtout le parti Makhzen. Ce sont pour la plupart des membres de la famille du sultan, frères, oncles et cousins.

Les Idrissiin, descendants de Mouley Idriss Seghir, patron et fondateur de la ville, forment la véritable noblesse religieuse de la ville. Outre les Chorfa de la Zaouiya, qui représentent la lignée la plus directe du Sid, ils comptent quelques membres de branches collatérales, tels que Sidi Idriss el-Ouezzani, chef d'une fraction de Chorfa d'Ouezzan. Très nombreux, mais pauvres, les Idrissiin proprement dits n'ont que peu d'influence personnelle, encore qu'ils jouissent d'une réelle considération.

Après eux, les seuls qui méritent une mention spéciale sont les Harakiin, qui ont acquis une illustration récente, due à la situation de l'un d'eux, Sidi Mohammed el-Harrâq comme chef d'une branche de Derkaoua.

Mosquées. — Fès compte un grand nombre de mosquées, dont quelques-unes ont une importance spéciale.

Les principales sont :

Djemaa Qaraouin, Djemaa Andalouces, les deux plus anciennes de la ville. Ce sont elles qui formaient les écoles de l'ancienne Fès. Elles comprennent encore des Medersa, déchues de leur rang primitif. Cependant leurs Tholba ceux de Djemaa Qaraouin surtout, jouissent d'une réelle autorité dans le monde religieux.

Djemaa Si Ahmed Chaoui, bâtie sur l'emplacement de la maison du saint, qui autrefois très révéré est un peu oublié.

Djemaa Abd el-Kader el Fassi, mosquée des El-Fassiin; très importante comme centre d'enseignement pour les Tholba. La Zaouiya Sidi Hamza des Ait Seri de l'Atlas, où se forment la plupart des Tholba de la région, et qui à ce titre est très importante, est une succursale de l'école des Fassiin.

Djemaa Boudjloud. — Où le sultan doit recevoir l'investiture.

Djemaa el-Kebir. — Où le sultan assiste à la prière le vendredi.

Presque tous les ordres religieux du Maroc sont représentés à Fès par des Zaouiya (1).

Parmi les principales on peut citer les suivantes :

Derkaoua : Zaouiya Sidi Ahmed el-Badaoui Zouitten et Zaouiya Sidi Mohammed el-Harraq, qui sont les Zaouiya mères des deux branches les plus répandues dans le Gharb.

Djazouliin : Zaouiya de Bab en-Nekba.

Kadriya : Zaouiya de Ras Tialin, qui a pour chef un Chérif Kadri très révéré, Sidi Mohammed el-Kaderi.

Tidjaniya. — Zaouiya mère des Tidjaniya du Maroc, connue sous le nom de Zaouiya Sidi Ahmed Tedjini. Presque tous les Tidjaniyn du Maroc reconnaissent l'autorité de son chef, Sidi el-Ghâli-ben-Azouz. Petite Zaouiya à Fès Djedid.

Zaouiya Sidi el Razi.

— El Gacemiin de Sidi Gacem, des Cherarda Azrar.

(1) V. Documents... p. 363, note.

Zaouiya Sefianiin, des Aissaoua, branche indépendante
comme rituel.
— Aissaoua.
— Touhamiya (Dar Ouezzan).
— Hamadcha.
— Dghoughiyn, de Sidi Ahmed el-Dghoughî, branche
des Hamadcha.

Au-dessus de toutes ces Zaouiya, comme importance, se
place celle de Mouley Idriss, vaste sanctuaire élevé sur le
tombeau de ce patron de Fès. Il sert de lieu d'asile et avec
ses dépendances forme presque un quartier de la ville. Ses
abords sont Harr, nobles interdits aux Juifs. Les Chorfa
Oulad Idriss de Fès conservent la direction de la Zaouiya et
bénéficient de ses revenus, sauf un mois de chaque année,
durant lequel ils sont remplacés par les Chorfa Beni-Arouss.

MEKNÈS

Territoire. — Située sur l'oued-bou-Fekran affluent de
l'oued Rdem qui appartient au bassin de Sébou, Meknès
marque la limite méridionale du Saïs. Encore en pays de
plaine elle est peu distante (20 kilomètres environ) des con-
treforts de l'Atlas, chez les Benir-Mtir.

Origines. — Fondée par les Meknaça, ancienne tribu
berbère, dont elle était le principal centre, Meknès ne devint
une ville que sous les Beni-Merin. L'une des résidences des
sultans de la dynastie actuelle, elle fut encore agrandie par
Mouley Ismail, qui la dota d'une grande citadelle, com-
mencée en 1674 et la plus forte alors du Maroc. En même
temps, ce sultan y introduisit un nouvel élément de population, les Abid Sidi Bokhari, milice nègre, qu'il avait créée
peu après son avènement.

Outre une enceinte fortifiée, qui entoure les murailles de la ville musulmane, et le Mellah, ainsi que la Kasbah, Meknès comprend une troisième enceinte extérieure non crénelée, construite par Mouley Ismaël, qui voulait en faire le point d'appui d'une muraille continue, prolongée jusqu'au Tadla, mais qu'il put à peine commencer.

Sans compter le terrain enclavé dans celle-ci, la surface habitée de Meknès est de 2 kilomètres carrés. Mais elle renferme, outre le palais abandonné de Mouley Ismael, et celui du sultan actuel, de nombreux jardins.

État social. — Comme Fès, Meknès est une des trois résidences de la dynastie régnante. Elle compte à ce titre parmi les capitales du Maroc. Mais comme Fès aussi, elle constitue un centre autonome, une sorte de province indépendante des tribus voisines, beaucoup plus qu'une capitale au sens propre du mot.

Situation politique. — Malgré cette situation, Meknès, à l'inverse de Fès, peut être considérée comme dévouée aux intérêt de la dynastie. La majeure partie de sa population est en effet issue des Abid Sidi Bokhari, milice noire dont les origines remontent à l'établissement des Alouiin. Elle fut créée par Mouley Ismaël à la fin du xviiᵉ siècle, et reçut des privilèges qui l'attachèrent rapidement au parti du Makhzen. Cependant, il s'en faut de beaucoup que les Bokhari (Boûakher) soient toujours restés les serviteurs dévoués du sultan. Fort nombreux, batailleurs, bien armés, ils ne tardèrent pas à constituer une sorte d'aristocratie, de caste militaire, avec laquelle ses maîtres durent compter. De son vivant même, Mouley Ismaël eut à réprimer plusieurs révoltes de cette milice et dut en diverses circonstances composer avec elle. Sous ses successeurs, elle prit une part prépondérante à l'avénement des sultans, se rangeant tantôt du côté des héritiers légitimes du trône, tantôt du parti de leurs compétiteurs. A maintes reprises, les sultans durent se plier ainsi aux volontés des Bokhari, leur distribuer une partie du trésor amassé par eux-mêmes et conservé, dit-on, à Meknès. Après plusieurs tentatives infructueuses pour se débarrasser de ces dangereux serviteurs, en préparant des guerres contre les tribus insoumises, des surprises où beaucoup périrent, les derniers sultans ont réussi à annihiler en partie leur esprit turbulent, en licenciant la milice noire tout entière. Prise au commencement du siècle par Mouley Sliman, cette mesure devint définitive sous son successeur, Mouley Abderrahman. Antérieurement, les Bokhari étaient groupés en partie à Meknès, en partie dans trois grands camps. Ceux de Meknès y restèrent mais cessèrent de former une caste Makhzen. Les autres furent dispersés et se fondirent dans les tribus qui les reçurent. Il en existait ainsi à Taza un grand nombre, qui ne comptent plus aujourd'hui que comme fractions des Beni-Ahmed et des Beni-Zéroual.

De même ceux des deux autres camps. Les Bokhari de Meknès, à l'encontre de ces derniers, ont recouvré sous Mouley Hassen, un rôle militaire de quelque importance. Ils ne sont pas tous considérés comme tribu Makhzen, mais fournissent trois thabor, trois bataillons, à forts effectifs et solidement organisés. Ces bataillons sont eux-mêmes répartis en un assez grand nombre de détachements.

L'ensemble des Bokhari de Meknès n'en représentent pas moins encore une caste militaire, d'existence traditionnelle sinon reconnue, et qui, quoique dévouée en principe au parti Makhzen, n'en est pas moins turbulente, indisciplinée, fort disposée à régler son attitude politique au mieux de ses intérêts.

Ce sont eux qui au point de vue purement politique constituent le parti dominant à Meknès.

Mais il faut en outre mentionner l'existence dans cette

ville d'un groupe religieux très puissant, celui des Aissaoua, qui y ont leur principale Zaouiya, résidence du chef de la confrérie. Celle-ci est l'une des plus répandue du Maroc, et à Meknès, il n'est guère d'habitants qui n'y soient affiliés. Étant données les pratiques des Aissaoua et leur exaltation, c'est là un fait important, plus cependant par ses conséquences possibles que par les antécédents historiques. Les Aissaoua, paraissent en effet, être restés jusqu'ici en dehors des agitations politiques.

Situation administrative. — L'organisation administrative de Meknès est de tout point analogue à celle de Fès, sous cette réserve que la ville n'a qu'un seul Caïd.

La garnison normale compte, par fractions, l'équivalent de deux thabor de Bokhari, 2.000 hommes théoriquement, 6 à 800 en réalité, et une mia d'artillerie, chargée du service des pièces de la Kasbah.

Comme à Fès, les défenses sont illusoires, mais la résistance de la population y serait sans aucun doute, beaucoup plus énergique.

Fractionnement. — Principales familles ou fractions :
Oulad-ben-Nani (Meknessiya). Tholba et marchands.
Oulad-ben-Thaleb (Meknessiya). Tholba, marchands et propriétaires.
Oulad-ben-Amar (Meknessiya). Tholba, marchands et propriétaires.
Oulad Baddou. Anciens chefs de la ville. Très riches. Tholba (Meknessiya).
Oulad Si Abdallah ben Ahmed (Bokhari).
Oulad-ben-Aïch (Bokhari).
Oulad Si Idris-ben-el-Mekki (Bokhari).
Oulad Si Moussa (Bokhari).
Oulad-bel-Hadjel (Bokhari).
Oulad-bel-Baadj (Meknessiya). Riches.

Oulad-bou-Acherin (Meknessiya). Tholba.
Oulad Haimich (Meknessiya).
Oulad-ben-Allem (Bokhari).
Oulad el-Ghoût (Meknessiya). Très riches.

Influences religieuses. — Parmi la population de Meknès, comptent un certain nombre de Chorfa du Tafilelt (Alaouiin) qui, dispersés dans l'élément indigène, jouissent d'un certain ascendant. Mais ils forment en outre trois fractions des Bokhari, les Oulad Sidi Moussa, les Oulad Sidi Idriss-ben-el-Mekki et les Oulad Sidi Abdallah-ben-Ahmed.

C'est de la première qu'est issu Mouley Ali-ben-Hamdouch, fondateur de la confrérie des Hamadcha. Ils sont à ce titre particulièrement révérés. Une de leurs branches s'est établie au Djebel-Zerhoun, à Ksar Sidi Moussa.

Les Oulad Sidi Idriss-ben-el-Mekki, sans appartenir à un groupe spécial, tirent aussi une certaine illustration de leurs ancêtres, qui ont un saint populaire.

Mais les principales influences appartiennent aux Hamadcha et surtout aux Aissaoua. Ceux-ci ont comme il a été dit, leur principale Zaouiya à Meknès, au tombeau de Sidi Mohammed-ben-Aissa. Ils relèvent de deux chefs, le grand maître de la confrérie, héritier direct de son fondateur, Sidi el-Hadj Mohammed Ould el-Hadj Eddi, qui se réserve la direction des affaires spirituelles, et un Khalifat, El-Hadj el-Aissaoui Sekkat, ancien marchand fort riche, qui est chargé des affaires temporelles.

Il existe en outre à Meknès un certain nombre de Chorfa descendants de Sidi-ben-Aissa, qui ont tous parmi les tribus où les Aissaoua sont en nombre, une clientèle particulière.

A l'Aïd, anniversaire de Sidi-ben-Aissa, Meknès devient le rendez-vous des Aissaoua de tout le Maroc qui s'y rendent en Rekeb de tous les points du pays et deviennent pendant la durée de la fête — une semaine — les véritables maîtres de la ville.

Outre les Zaouiya d'Aissaoua, au nombre de trois et celles des Hamadcha, il reste à citer les suivantes :

Zaouiya Derkaoua,
Zaouiya Kadriya,
Zaouiiya Tidjaniya.

SFROU [1]

Territoire. — Sur un petit affluent du Sébou, à 50 kilomètres sud-ouest de Fès. Tribu des Ait Ioussi.

Origines; état social. — Sfrou est un ancien ksar des Ait Ioussi, où la richesse du sol et la situation ont attiré de nombreux indigènes de Fès, qui s'y livrent à la culture. La ville est célèbre par ses jardins, les plus beaux et les plus grands du Maroc. Elle est d'ailleurs bien bâtie.

Environ 3.000 habitants.

Situation politique et administrative. — Résidence habituelle d'un des Caïd des Ait Ioussi, Sfrou relève du commandement de Fès. Quoique comptant beaucoup d'Aït Ioussi, Beni Ouarain et autres éléments turbulents, la ville est fort paisible et bien en main. La proportion des Israélites y est d'ailleurs considérable : 1/3.

Influences religieuses. — Les Derkaoua de Medghara, qui y ont une Zaouiya, sont nombreux parmi les habitants d'origine arabe. Mais la majorité des indigènes sont Nasseriya, comme Rhedem du patron du ksar, Sidi el-Hassen el-Ioussi, disciple de Sidi Mohammed-ben-Nasser.

DOUI MÉNIA

Territoire. — Dans la vallée de l'oued Fès, sur la

(1) D'après de Foucauld, p. 38.

route de Rabat, des portes de la ville aux abords du djebel Zerhoun.

Origines; état social. — Fraction de la tribu du même nom, du Touat, annexée avec le Tafilelt par la dynastie actuelle. Les Doui Ménia, Arabes de race pure, sont nomades, quoique ne disposant que d'un territoire peu étendu, et vivent sous la tente.

Situation politique et administrative. — Les Doui Ménia de Fès forment une tribu Makhzen. Ils sont organisés en djich permanent comme leurs voisins les Oudaïa et fournissent les forces supplémentaires utiles au commandement local. Ils relèvent d'un des Caïd de Fès, Ould Bâ Mohammed, pour un thabor, et pour un second thabor, d'un Caïd er-Raha pris dans la tribu, El-Hadj el-Haoussin.

Fractionnement. — Les Doui Ménia sont répartis, au point de vue du commandement, en deux groupes territoriaux, mais forment un mélange des différentes fractions de la tribu primitive.

Influences politiques et religieuses. — Ils sont surtout Rhedem des Oulad Sidi Cheikh, sans avoir avec ceux de l'Algérie des relations suivies, et aussi de Bou-Abid-Cherki.

OULAD SIDI CHEIKH. AHMOUR

Territorie. — Dans la vallée de l'oued Fès, sur la route de Rabat, au milieu des Doui Ménia.

Origines; état social. — Les Oulad Sidi Cheikh qui forment un seul douar de 80 tentes, étaient l'entourage de Si Sliman. Ils ont été établis dans leur territoire actuel après la mort de celui-ci en 1884.

Les Ahmour, fraction de la tribu du Sud-Oranais du même nom, se sont enfuis de notre territoire en 1887 et ont alors été installés près de Fès par Mouley Hassen. Ils forment trois douar de 50 à 75 tentes.

Situation politique et administrative. — Les Oulad Sidi Cheikh et les Ahmour, Meharrin en principe, n'en sont pas moins employés comme Makhzen, les derniers surtout, par Ould Bâ Mohammed, Caïd de Fès, dont ils dépendent.

Influences politiques et religieuses. — Même groupe : Oulad Sidi Cheikh Gheraba, et leurs serviteurs religieux.

SÉDJA

Territoire. — Haouz de Fès, entre la ville, les Aït-Aiech, Oulad el-Hadj, Oudaia et Tkhissa du Saïs.

Origines; état social. — Tribu arabe, issue des Haméyan et venue au Maroc par le Tafilelt, lors de la fondation de la dynastie actuelle. Ils sont semi sédentaires et habitent partie des douar avec tentes et gourbis, partie des dchour de djebala. Fixés autour des cultures, ils se déplacent en petit nombre avec les troupeaux.

Situation politique et administrative. — Tribu Makhzen, relevant d'un des Caïd de Fès, Ould Bâ Mohammed. Elle fournit askar et djich, avec service permanent pour quelques cavaliers.

Fractionnement. — Fractions originaires :

Oulad Mahalla,	Beni-Khelifa,
Oulad-Bou-Khalifa,	Kherabcha.
Guenana,	

Influences religieuses. — Les Sedjâ comptent un assez grand nombre d'Aissaoua, et sont Rhedem de Mouley Idriss, de Fès.

CHÉRAGA

Territoire. — Au nord de Fès, qu'ils entourent avec les Oulad Djema, et isolent des Hahiéhina, Fechtala, Sélès et Oulad-Aissa. Ils s'étendent jusqu'au Sébou qui les sépare de ces derniers.

Origines ; état social. — Tribu arabe, issue des Sedja et par eux des Haméyan Oranais. Comme les Sedja, ils sont venus avec la dynastie actuelle du Tafilelt.

Quoique arabès, les Chéraga sont djebala par l'habitat. Ils ont quelques tentes, mais sont surtout fixés par dchour.

Situation politique et administrative. — Les Chéraga sont tribu Makhzen, fournissent djich et askar, mais sans service permanent pour le djich.

La tribu relève du commandement de Fès (Ould Bâ Mohammed), sous les ordres duquel se trouvent trois Cheikh pris dans leurs fractions respectives. Une cinquième fraction, formant un thabor d'askar, est placée sous les ordres d'un frère du Caïd.

Fractionnement. — Quatre fractions administratives :

Oulad Djema,	Beni-Amer,
Sedja,	Beni-Snouss.

Nombreuses sous-fractions correspondant aux douar de guerre, et qui représentent de grandes familles :

El-Omran,	Oulad Khelifa,	El-Mahalla,
Ghezaba,	Oulad-bou-Chebil,	El-Rozelan.

Comme l'indiquent ces noms, les Chéraga forment surtout une agglomération d'éléments hétérogènes, plus qu'une véritable tribu.

Influences politiques et religieuses. — Nombreux Aissaoua et Hamadcha. Influence de Dar Ouezzan assez répandue. Mais les Chéraga sont surtout Rhedem de Mouley-bou-Chetta, dont la Koubba est à la limite de leur territoire. Mouley-bou-Chetta qui n'a pas laissé de postérité, n'est pour eux qu'un patron révéré, un saint.

OULAD DJEMA

Territoire. — Sur la route de Taza à deux heures de Fès. Voisins des Chéraga.

Origines ; état social. — Arabes du Hedjaz, venus au Maroc à la suite des Idrissiin. Appartiennent comme les Chéraga, dont ils se disent frères, au groupe des Haméyan. Les Oulad Djema sont semi sédentaires, mais habitent sous la tente.

Situation politique et administrative. — Les Oulad Djema forment une tribu Makhzen. Ils fournissent deux Raha de djich, sans compter les askar.

La tribu est particulièrement dévouée à Mouley Hassen dont la mère était originaire des Oulad Djema.

Influences politiques et religieuses. — Tribu surtout attachée au parti Makhzen.

On y compte un certain nombre d'Aissaoua, de Hamadcha, et une forte minorité de Rhedem de Dar Ouezzan.

OULAD MTÂA

Territoire. — Aux portes de Fès, entre la ville et les Oulad Djema.

Origines ; état social. — Tribu arabe, vivant sous la tente, mais semi sédentaire.

Situation politique et administrative. — Les Oulad Mtâa sont naïba. Ils ne fournissent ni askar, ni djich. Tribu turbulente, dont les indigènes ont une réputation établie de voleurs et pillards. Mouley Hassen en a déplacé la plus grande partie qu'il a envoyée dans le Haouz de Marokesch.

Fractionnement. — Deux fractions :
Oulad Hassen,
Beni Satet.

Influences politiques et religieuses. — Rhedem Mouley Idriss.

OUDAÏA

Territoire. — Une fraction dans les parages de Mouley Yakoub, entre Fès et le Djebel-Zerhou. Une fraction dans le Saïs, près de Meknès.

Origines ; état social. — Tribu arabe, autrefois très puissante et qui formait une grande confédération dans la région de Meknès, fondée par une de ses fractions, ou plutôt par la tribu, souche des Oudaïa actuels, les Meknaça. Sous ce nom, elle a eu une existence historique très brillante, sous les Idrissiin, jusqu'à l'avènement des dynasties berbères qui l'ont en partie détruite. L'élément Meknaça proprement dit est resté fixé à Meknès, après avoir quitté les parages de Taza, où la tribu entière s'était tout d'abord établie. Aujourd'hui les Meknaça ne sont plus représentés à Taza que par une Raha plus ou moins nombreuse, périodiquement relevée et fournie par les Oudaïa, mais conservant ce nom, de même qu'une autre Raha de 500 fusils (théoriquement) qui forme la garnison d'El-Araïch.

Les Oudaïa proprement dits, fraction des anciens Meknaça auxquels se sont joints des éléments étrangers, sont divisés en trois groupes ; un dans le Haouz de Fès et Meknès, celui dont il est question ici ; un autre dans le Haouz Rabat, et le troisième près de Marokesch.

Ceux de Fès et de Meknès habitent en douar, mais sont semi sédentaires.

Situation politique et administrative. — Les Oudaïa ont formé sous les Alaouiyn, de Mouley Sliman à Mouley Abderrahman, le Makhzen proprement dit des sultans (Mokhazniya des sultans). Très turbulents, faisant çof, tantôt avec, tantôt contre les gens de Fès, ils jouaient un rôle actif dans les changements de règncs et imposaient souvent leurs volontés aux sultans. N'en pouvant venir à bout autrement, Mouley Abderrahman les dispersa par fractions, par douar isolés dans le Gharb, où ils se sont fondus dans les tribus de la province. C'est lui également qui sépara les Oudaïa, connus encore sous ce nom, en trois tribus (Fès et Meknès, Rabat, Marokesch).

La tribu a son Caïd particulier.

Les Oudaïa de Fès et de Meknès (une seule tribu divisée en deux groupes) sont tribu Makhzen, organisés en Raha de djich (deux) et thabor d'askar (un). Ils touchent une solde proportionnelle à l'effectif de ces corps qui ne comprennent qu'une partie des contingents de la tribu. Leur djich sert aussi comme Makhzen (cavaliers du sultan).

Fractionnement. — Deux grandes fractions :

Oulad-Bou-Ris,

Oulad Zaïm,

comprenant de nombreuses sous-fractions ou douar : El-Karia (fraction du Caïd) ; Temra ; Oulad Djedjem, etc.

Influences politiques et religieuses. — Les Oudaïa sont surtout Aissaoua et Hamadcha. Ils comptent quelques Rhedem de Bou Abid Cherki.

OULAD EL-HADJ

Territoire. — Entre Fès et les Hahiéhina, sur la route de Taza.

Origines ; état social. — Les Oulad el-Hadj du Haouz Fès sont une fraction de la grande tribu arabe du même nom fixée dans la vallée de la Moulouia moyenne (Outad Oulad el-Hadj). Ils ont été amenés à Fès par la dynastie actuelle, sauf quelques douar, chassés de leur pays, et qui sont venus rejoindre les premiers.

Les Oulad el-Hadj habitent sous la tente, en douar, mais ne sont que semi nomades.

Race de chevaux réputée.

Situation politique et administrative. — Bien que leurs frères de l'Ouest soient insoumis, les Oulad el-Hadj du Haouz Fès sont assez en main. Naïba, ils ne fournissent aucun contingent régulier. Ils relèvent d'un des Caïd de Fès.

Fractionnement. — Trois fractions :
    Oulad Saïd,
    Oulad el-Hadj.
    ?

Influences politiques et religieuses. — Tribu fervente. Pas d'influence dominante, mais beaucoup d'Aissaoua, Tidjaniya. Rhedem de Dar Ouezzan, Abdesselem-ben-Mechich et Bou Abid Cherki.

AIT AIECH

Territoire. — A cheval sur les routes de Meknès et Sfrou, près d'Aine-Bou-Rekaiz. Voisins des Ait Itsgrouchen, Beni-Mtir et Sedja.

Origines; état social. — Tribu berbère, dont deux autres fractions sont fixées chez les Beni-Mguild et au pied du Djebel-Aiech, dans la vallée de la haute Moulouia, où les Ait Aiech étaient primitivement réunis. Ceux du Haouz Fès y ont été amenés par mesure coercitive, pour prévenir leurs brigandages sur la route du Tafilelt. Ils campent en douar et sont nomades. Leurs parcours s'étendent chez les Ait Itsgrouchen.

Situation politique et administrative. — Tribu peu soumise, souvent en hostilités plus ou moins ouvertes avec le Makhzen. Les Ait Aiech de Fès ont un Caïd pris parmi eux. En novembre 1889, quelques mois après sa nomination, le titulaire a été arrêté avec ses Kébar, à propos de déprédations commises sur les routes, et en même temps que ceux des deux autres tribus. A la suite de cet incident, les Ait Aiech ont, pendant plusieurs jours, coupé la route de Fès à Meknès.

Influences politiques et religieuses. — Les Ait Aiech de Fès sont surtout Rhedem de Dar Ouezzan ou Nasseriyn, sans influence dominante.

EL-BEHALIL

Territoire. — Entre Fès et Sfrou au nord-est de la route, dans un pâté montagneux qui la domine.

Origines; état social. — Les Behalil passent pour

descendre d'une tribu chrétienne convertie par Mouley Idriss. Ils habitent plusieurs grands dchour très resserrés, et où, avec des maisons, se trouvent de nombreuses grottes servant de demeures. A la partie supérieure des montagnes quelques petits villages sont formés uniquement de ces habitations qui consistent soit en grottes proprement dites, soit en caves creusées dans le roc et recouvertes de toitures basses. Leurs vallées, très arrosées, sont fort riches. Ils sont presque uniquement cultivateurs.

Situation politique et administrative. — Tribu complètement soumise et qui sans être Makhzen, fournit un contingent régulier d'askar très élevé (500 hommes, à la colonne de 1889);

Elle relève du commandement de Ould Bâ Mohammed, un des Caïd de Fès.

Influences politiques et religieuses. — Quelques Derkaoua et Rhedem de Dar Ouezzan.

Influence prédominante des Er-Rema, qui relèvent d'une Zaouiya locale de Sidi Ali-ben-Nacer, très importante.

EL-MAIA

Territoire. — Dans le Saïs, côté de Fès.

Origines ; état social. — Tribu arabe du même groupe que les Sedja (Haméyau). Semi nomade, vivant en douar.

Situation politique et administrative. — Tribu Makhzen qui fournit une Raha, partie d'askar, partie de djich, mais de moins de 1.000 fusils en tout. Elle relève d'Ould Bà Mohammed (Fès).

Influences politiques et religieuses. — Rhedem Mouley Idriss. Hamadcha et Aissaoua.

OULAD-EN-NSER. TKHISSA

Territoire. — Dans le Saïs, les Tkhissa, entre Meknès et les Beni-Mtir; les Oulad-en-Nser, entre le Djebel-Zerhou et Meknès.

Origines; état social. — Tribus arabes, semi nomades, du groupe des Sedja. Très turbulentes autrefois elles ont été expulsées du Saïs et établies chez les Chérarda du Djebel-Azrar, puis ramenées dans leur ancien habitat par Mouley Hassen.

Situation politique et administrative. — Tribus aujourd'hui tranquilles. Chacune a son Caïd particulier. Elles sont naiba, et fournissent quelques askar.

Influences politiques et religieuses. — Rhedem Mouley Idriss Zerhou (el-Kebir). Dar Ouezzan. Hamadcha.

SÉFIAN. BENI-MALEK. KHLOUT

Douar de ces tribus, campés dans les environs de Meknès et compris dans le Makhzen de la ville, ou placés en Nezala sur les routes.

(Voir les tribus du Gharb.)

CHÉRARDA

Territoire. — Sur la route de Fès à Rabat, au nord et à l'ouest du Djebel-Zerhou.

Origines; état social. — Tribu formée d'éléments divers, appartenant aux diverses tribus arabes du Sahara, dans la région du Tafilelt et du Drâa. Les Chérarda ont été amenés au Maroc par la dynastie actuelle, à laquelle ils sont complètement inféodés. Ils sont sédentaires pour la plupart et habitent des douar avec gourbis, quelques maisons, et des jardins entourés de haies.

Situation politique et administrative. — Les Chérarda sont divisés en trois tribus. L'une d'elles, celle des Bou-Rézouan, la plus rapprochée de Fès, est Makhzen, divisée en mia; les deux autres, outre un certain nombre de Mokhazniya, fournissent djich et askar, sans être organisées de même militairement. C'est parmi eux que se recrutent la plupart des cavaliers dits « du sultan ».

Fractionnement. — 1° Chérarda de l'Aïne Bou-Rézouan :

Ils sont des Ida ou Belal, de l'oued Drâa : 600 fusils 400 chevaux de Makhzen (1.000 fusils et 500 chevaux au total).

2° Chérarda du Djebel-Selfat, qui comprennent des :

Oulad Delim :   1.000 fusils, 500 chevaux ;

Tekna :   900 fusils, 300 chevaux ;

Oulad Ameur :   200 fusils, 100 chevaux.

3° Chérarda d'Azrar divisés en :

Chebbanet, et Zirara

(du Sous) :   400 fusils, 600 chevaux.

Influences politiques et religieuses. — Pas d'influence dominante. Cherkaoua, Aïssaoua, Hamadcha. Rhedem de Dar Ouezzan.

DJEBEL-ZERHOUN

Territoire. — Pâté montagneux formant une seule crête, situé entre les routes de Fès et Meknès à Rabat.

Origines; état social. — Les habitants du Djebel-

Zerhoun sont de provenances diverses, arabes et berbères, attirés par la présence de nombreux Sid et Zaouiya, ou par la richesse du sol, arrosé de nombreuses sources. Ils occupent des ksour, perchés sur le flanc de la montagne à une certaine hauteur, et entourés de jardins, de plantations d'oliviers.

Situation politique et administrative. — Le Djebel-Zerhoun est une montagne sainte, Horr presque toute entière, et dont les habitants sont pour la plupart Meharrin. Les deux grandes Zaouiya, celles de Mouley Idriss el-Kebir et de Mouley Ali-ben-Hamdouch sont très fréquentées comme centre d'enseignement, buts de pèlerinage. La population est essentiellement pieuse. Elle compte de nombreux Tholba, beaucoup de Chorfa, etc., et échappe ainsi en partie à l'action administrative. Le Djebel-Zerhoun est cependant rattaché par moitié au commandement du Caïd Ould Bâ Mohammed de Fès, et par moitié à celui du Caïd de Meknès.

Fractionnement. — Ksour :

Versant sud (côté de Meknès) :

Sidi-Ali-ben Hamdouch. — Zaouiya principale des Hama dcha et tombeau de Mouley Hamdouch. Le ksar est habité par ses descendants et leurs serviteurs religieux.
Beni-Djennad,
El-Meghasiin,
Sidi Ahmed Dghoùghi. — Zaouiya et tombeau du principal Khelifa de Mouley Hamdouch, chef lui-même d'une branche de la confrérie.
Sidi Lamine. — Zaouiya de Hamadcha.
Sidi Moussa-ben-Ali ⎫ Zaouiya de Hamadcha formant
Sidi Harrak-el-Hari ⎭ un seul ksar.

Versant nord (côté de Fès) :

El-Amma,	Mouley Idriss Zerhoun,
El-Gâlaa,	El Felloussi, ksar de gens du Rif, per-
Talreza,	chés sur un plateau, au sommet de
Oulad Youcef,	la montagne,
Beni-Ammar,	Ahl Tadla, réfugiés au Djebel-Zerhoun
Sghirat,	formant un douar en bas des Fel-
El-Khenadik,	loussi.

Influences politiques et religieuses. — Mouley Idriss el-Kebir est surtout révéré comme Sîd. Sa Zaouiya n'a pas d'influence. Tout le Djebel-Zerhoum est au contraire inféodé aux Chorfa Hamadcha.

HAMÉYAN

Territoire. — Entre le Djebel-Zerhoun et Meknès, le Djebel-Zerhoun et Fès, puis entre Meknès et les Guérouan à la limite des Zemmour.

Origines ; état social. — Tribu arabe encore semi nomade, issue des Haméyan Oranais et venue du Tafilelt avec la dynastie régnante.

Situation politique et administrative. — Tribu Makhzen, contribuant à la formation du Makhzen (djich et askar) de Fès et de Meknès. Elle relève des deux villes et est divisée en trois fractions, formant, pour ainsi dire, Nezala sur les limites de leur Haouz.

Influences politiques et religieuses. — Les Haméyan comptent surtout des Aissaoua et Hamadcha.

IV

DJEBALA[1]

———

On désigne sous le nom de Djebala les tribus berbères arabisées qui occupent la région montueuse du littoral méditerranéen, entre le Rif et Tanger, et ses ramifications jusqu'à Ouezzan d'une part, jusqu'à la vallée du haut Sébou de l'autre[2]. Les Djebala se caractérisent par l'emploi exclusif de la langue arabe, le port de la djebala[3] au lieu du burnous, l'habitat en dchour, formant parfois des villages considérables et diverses coutumes spéciales, notamment l'habitude d'enlever dans les tribus voisines des jeunes garçons ou filles (chettah) pour en faire des danseurs et danseuses, l'usage du Samt, ou vin frais, etc...

On peut diviser le territoire qu'ils occupent, en Haouz et Djebel-Alem au nord du bassin de Sébou ; puis bassin de Sébou.

		FUSILS	CHEVAUX
	1° *Haouz (au nord de Tétouan).*		
TRIBUS	Andjera	7.000	
	Haouz	2.000	

(1) V. *Documents sur le Nord-Ouest africain*, t. I, p. 407.
(2) *Ibid.*, p. 408.
(3) Djellaba.

		FUSILS	CHEVAUX
VILLE	Tétouan.	3.500	

Djebel Alem.

		FUSILS	CHEVAUX
VILLE	Chéchaouen	700	
	Beni-Ouedress	3.000	
	Beni-Mesaouer	3.500	
	Beni-Aouzmer.	2.000	
	Beni-Saïd	1.000	
	Beni-Hassen	5.000	
	Beni-Ider	2.500	
TRIBUS	Djebel-Habib	2.500	
	Beni-Leit	800	
	Beni-Arous	4.500	
	Beni-Gourfot	4.500	
	Beni-Issef	2.500	
	Ehl-Serif	4.000	
	Khamès	10.000	
	Beni-Ahmed	3.000	

2° Bassin du Sébou.

		FUSILS	CHEVAUX
	Ehl-Sersar.	1.000	
	Masmouda.	800	
	Er-Rhouna.	2.500	
	Beni-Mestera	4.000	
	Beni-Mesguilda	3.000	
TRIBUS	Fechtala.	2.000	
	Setta.	2.000	
	Beni-Zekkat	500	
	Rzaoua	3.000	
	Beni-Zeroual	25.000	(1)

1. V. *Documents sur le Nord-Ouest africain*, I, p. 409.

TRIBUS		FUSILS	CHEVAUX
	Oulad-bou-Rima	3oo	
	Oulad Bekkar.		
	El-Djaia	2.000	
	Beni-Oughiagel	1.000	
	Sélès.	1.000	
	Mazziat	1.5oo	
	Mtioua	3.000	
	Sanhadja	4.000	
	Fennassa	3oo	
	Beni-Ouandjen	1.000	
	Oulad-bou-Slama	1.000	
	Beni-Oulid	1.000	
	Maghnissa	4.5oo	
	Tsoul.	2.5oo	
	Branès	5.000	
	Rioua.	5oo	(1)

ANDJERA [2]

Territoire. — Sur la côte entre Tanger et Ceuta.

Origines; état social. — Djebala, issus des anciens Ghomara. Vivent en dchour peu importants, 25 à 30 maisons en général.

Situation politique et administrative. — Tribu soumise, mais dont l'attitude est hostile au Pacha de Tanger dont elle relève. En 1884, il s'y était dessiné en faveur du Chérif d'Ouezzan, un mouvement qui fut durement ré-

1. V. *Documents sur le Nord-Ouest africain*, p. 410.
2. *Ibid.*, p. 411.

primé. Actuellement encore, beaucoup d'indigènes n'osent pas se rendre à Tanger et ne quittent pas la tribu, trop nombreuse et batailleuse pour que le Makhzen s'y risque à des arrestations isolées.

Elle relevait autrefois du Pacha de Tanger. Ould Abdessadoq, puis a été placée sous les ordres d'un Caïd indépendant, Mohammed el-Kandja. Replacée sous l'autorité [du Pacha de Tanger à la mort du précédent, elle a eu trois Cheikh à Taba, qui ont été révoqués récemment, et relève aujourd'hui directement d'Ould Abdessadoq, malgré de nombreuses protestations, à l'époque du voyage du Sultan à Tanger. A la suite de cette mesure, les Andjera ont crevé les yeux, suivant un usage répandu chez les Djebala, à un émissaire du Pacha.

La tribu a de bonnes relations avec les Européens de Tanger, à l'exclusion des Espagnols de Ceuta.

La Légation d'Allemagne a cherché en 1887 à s'y faire donner des concessions de terrains sur la côte.

Fractionnement. — Deux subdivisions administratives :

 Haouz el-Ghâba,
 Haouz el-Khamis.

Principaux dchour :

Aine el-Hamra,	Zaouiya el-Bekkal,
El-Hassan.	Aine er-Remel.

Influences politiques et religieuses. — Influence politique prédominante du Chérif d'Ouezzan.

Quelques familles influentes : Oulad-ben-Yamoun. Sidi Abdesselem el-Chotti. Oulad Mohammed el-Kandja (ancien Caïd). Mohammed el-Breil (ancien Cheikh, représentant de l'influence allemande).

Influence religieuse prédominante, fort étendue chez toutes les tribus Djebala du voisinage : Derkaoua de Sidi Ahmed el-Hadjiba, chef d'une branche issue de Sidi Mohammed el-Harraq. La Zaouiya principale, où est enterré Sidi Ahmed et où réside son fils et successeur Sid el-Hadj Abdel Kader, est à Zemmey, en bas du Djebel-Rouman, près de Souk el-Tnin.

Assez nombreux Aissaoua, avec Zaouiya importante à El-Hassana.

Deux fractions de Chorfa : les Oulad-bel-Aïch et les Oulad el-Bekkal qui ont une Zaouiya assez fréquentée (Zaouiya Oulad el-Bekkal).

Zaouiya Sidi Ali-ben-Harrazen, Sid local révéré à Aine Hamra, chez les Hammouiin.

HAOUZ [1]

Territoire. — Sur la côte entre Ceuta et Tétouan. Séparé des Andjera par le Djebel-Dougréich, et Bahar el-Hadjer.

Origines ; état social. — Djebala. Petits dchour. Cultivateurs. En relations fréquentes avec les Espagnols de Ceuta.

Situation politique et administrative. — Tribu soumise et tranquille. Elle relève du pacha de Tétouan.

Fractionnement. — Deux subdivisions territoriales :
    Haouz el-Bahar,
    Haouz el-Djebel.

---

(1) V. *Documents sur le Nord-Ouest africain*, t. I, p. 413.

Fractions : Haouz el-Bahar :

El-Kebdana (du Rif),	Oulad Dellil,
Oulad Zerdjoum,	Seroum.
Beïin,	

Haouz el-Djebel :
Seddina,
Beni-Saden.

Influences politiques et religieuses. — Deux familles influentes. Oulad-Djenninou à Bou Zeghlal et Ali Souissi à El-Gallalin.

Influence religieuse prédominante : Derkaoua de Sidi Ahmed-ben-Hadjiba, avec Zaouiya chez les Beni-Saden. Moqaddem Sidi Mohammed el-Harraq qui relève de la Zaouiya des Andjera.

Les indigènes du Haouz el-Djebel sont tous Derkaoua, hommes et femmes. L'ascendant de la famille de Sidi Ahmed el-Hadjiba est absolu sur eux.

TÉTOUAN [1]

Territoire. — Au pied du Djebel-Dersa, et au-dessus de l'Oued-bou-Sféah, ou Oued-Martil, à 6 kilomètres de la mer.

Origines; état social. — Ancienne cité, fondée peu après la conquête du Maroc par les Musulmans, mais qui n'a pris son importance actuelle qu'après l'expulsion des Maures d'Espagne et des Juifs du Portugal, qui forment la masse de sa population. Du XIVe au XVIe siècle, Tétouan fut un centre de piraterie très important. Elle avait été prise une

____
(1) V. *Documents sur le Nord-Ouest africain*, t. I, p. 414.

première fois, par les Espagnols de Ceuta, au xv⁰ siècle, et son port fut détruit par Philippe V en 1564. C'est par sa prise que s'est terminée la guerre contre l'Espagne en 1860.

Tétouan est une des plus riches cités du Maroc. C'est là que se retirent de préférence les négociants du Maroc ou les agents du Makhzen qui renoncent aux affaires après fortune faite.

Situation politique et administrative. — Ville paisible, où l'on s'occupe peu de politique. Elle est gouvernée par un pacha dont relèvent quatre tribus voisines : El-Haouz, Beni-Ouedress, Beni-Aouzmar, Beni-Saïd.

Tétouan est entourée d'une enceinte fortifiée et dominée par une kasbah peu importante. Le sultan y fait construire des batteries par un ingénieur allemand.

22.000 habitants.

Fractionnement. — Principales familles :

Oulad el-Ghezini,	Oulad-ben-Oumiin,
Oulad el-Khfi,	Oulad Skiridj,
Oulad el-Badi,	Oulad Otlob,
Oulad el-Brichiin,	Gharsiin.

Influences politiques et religieuses. — Quelques familles de Chorfa : Oulad Sidi Abdesselem-ben-Mechich, Oulad; el-Bekkal, Alaouiin, Bagdadiin (Oulad Sidi Abdelkader el-Djilali).

Zaouiya Derkaoua (branche de Sidi Mohammed el-Harraq), Zaouiya Kadriya, Zaouiya Aissaoua, Zaouiya Hamadcha ; Tidjaniya.

La principale influence religieuse est celle de la Zaouiya de Sidi Ali-ben-Resoul, des Chorfa Oulad-ben-Mechich, qui est le patron de la ville. Cette Zaouiya est très fréquentée, mais la famille du Sîd est éteinte, au moins dans la lignée directe.

DJEBEL-ALEM

Le Djebel-Alem est une montagne, située au centre du massif montagneux qui s'étend entre Tétouan et le bassin du Sébou. C'est là que vivait au commencement du vii⁰ siècle de l'Hégire, un Ouali, le plus révéré du Maroc, Sidi Abdesselem-ben-Mechich. Issu de la famille régnante des Chorfa Idrissiin dont quelques membres s'étaient réfugiés dans ces parages lors de la chute de leur dynastie, sous la conquête fathimite, il représentait à ce titre la tradition de la souveraineté nationale. D'autre part, Alem réputé et pieux Ouali, il personnifiait, en présence des empiètements des schismatiques qui s'étaient succédés depuis les Fathimites, les principes de la foi orthodoxe. Enfin, élève d'Abou Median Choaib el-Andalousi, et maître lui-même d'Abou el-Hassen Chadeli, il fut le premier à répandre, à professer au Maroc, les doctrines du Soufisme, dont sont issus tous les ordres religieux musulmans (1).

Jouissant de son vivant d'un prestige étendu, il devint après sa mort en 625 de l'Hégire, un des patrons du Maroc, lorsqu'il fut tombé sous les coups d'un imposteur, Abou Touadjin, qu'il avait dévoilé.

Son sanctuaire, la Koubba où il est enterré, est ainsi un lieu de pèlerinage où se rendent toutes les tribus voisines, et le culte qui lui est rendu, constitue entre elles un lien assez puissant pour qu'on puisse à quelque égard les considérer comme formant une sorte de confédération reli-

____

(1) V. *Documents sur le nord-ouest africain*, T. I., p. 368 et 369.

gieuse. Toutes, le cas échéant, marcheraient groupées sous l'étendard de leur Sìd. Mais Sidi Abdesselem ayant transmis à Abou el-Hassen Chadeli, le Serr et l'héritage de sa Baraka, sa descendance ne constitue qu'une aristocratie religieuse sans influence héréditaire.

CHÉCHAOUEN [1]

Territoire. — Ksar du massif du Djebel-Alem ne dépendant pas des tribus voisines.

Origines ; état social. — Fondé par les Andalouces après l'expulsion des Maures d'Espagne. Deux fractions principales : Garnata et el-Hadara.

Situation politique et administrative. — Ksar à peu près indépendant, quoique ayant un Caïd. Il est surtout sous l'influence d'une famille de Chorfa Oulad Mechich, les Oulad el-Mahdjich.

Influences religieuses. — Groupe du Djebel-Alem, tous les habitants, Andalouces ou autres, sont Rhedem dévoués de Sidi Abdesselem.

BENI-OUEDRESS [2]

Territoire. — A cheval sur la route de Tanger à Tétouan, entre les Beni-Aouzmer, les Andjera, le Fondoq et les Beni-Mesaouer.

Origines : état social. — Djebala, petits dchour.

Situation politique et administrative. — Tri-

<hr>

(1) V. *Documents sur le Nord-Ouest africain*, t. I, p. 353.
(2) *Ibid.*, p. 415.

bu soumise, assez tranquille, relevant de Tanger. Elle ne fournit pas d'askar. Un Cheikh à Taba.

Fractionnement. — Quatre fractions :
> Bou Mettach. Dans la montagne (côté sud) fraction plus remuante que le reste de la tribu. En 1887, ils ont tué leur Cheikh, el-Baroudi.
> Outaouiin. Dans la plaine de Bou Sféah, au nord de la route de Tétouan.
> Souk el-Khamis. Voisins des Andjera.
> Dar el-Fondoq. Sur la route de Tétouan, autour du Fondoq construit à mi-chemin. Nombreux voleurs.

Influences politiques et religieuses. — La tribu se partage, comme influence politico-religieuse, entre Dar Ouezzan, qui y a des Azib, et le Djebel-Alem. Les Bou Mettach sont exclusivement Rhedem de Bou Mechich. Chez les Outaouiin et à Souk el-Khamis, majorité de Derkaoua, Rhedem de Sidi Ahmed-ben-Hadjiba, des Andjera. Quelques Aissaoua.

Petite confrérie locale de El-Feki-ben-Thaoul.

BENI-MESAOUER [1]

Territoire. — Au sud de la route de Tanger à Tétouan, dans la région voisine du Fondoq. Territoire assez montagneux.

Origines ; état social. — Djebala, petits dehour.

Situation politique et administrative. — Tribu soumise assez en main. Relève de Tanger. Elle a un Cheikh à Taba à Dar Chaoui.

____

(1) V. *Documents sur le Nord-Ouest africain*, t. I, p. 416.

Fractionnement. — Trois fractions :

Beni-Harchem.

El-Alleg.

Ait Sefli { Rbâa Dar Chaoui,
{ Rbâa d'Rouif.

Influences politiques et religieuses. — Quelques familles influentes : Chorfa Oulad Afilel, Oulad-ben-Assab, Oulad el-Merrouch, Oulad Cheikh Mohammed el-Tobi.

Chorfa Oulad-ben-Ressoul et de Dar Ouezzan.

Tous les Beni-Mesaouer sont Rhedem de Sidi-ben-Mechich.

Zaouiya Derkaoua de Sidi Abdallah Haddou ; influente dans la tribu.

BENI-AOUZMER [1]

Territoire. — Sur les flancs des montagnes qui dominent Tétouan au Sud, et dans la vallée, entre les Beni-Ouedress au Nord, les Beni-Saïd à l'Est, les Beni-Hassen au Sud et les Beni-Mesaouer à l'Ouest.

Origines ; état social. — Djebala. Les dchour assez resserrés forment parfois presque des petits ksour. Les Beni-Aouzmer sont spécialement adonnés à la fabrication du plâtre.

Situation politique et administrative. — Tribu soumise et bien en main. Une partie de ses impôts est remplacée par l'obligation de fournir du plâtre au Makhzen pour la construction de Tétouan. Elle relève de Tétouan et a un Cheikh nommé par le Pacha de la ville.

---

(1) V. *Documents sur le Nord-Ouest africain*, t. I, p. 417.

Fractionnement. — Fractions et dchour :

Beni Måden,	Derral,
Beni-Retel,	Beni-Kirem,
Ahl Lela,	Zinets,
Kermeks,	Amtil.
Mekdesem,	

Influences politiques et religieuses. — Familles influentes : Cheikh Mohammed el-Guemari, Cheikh-ben-el-Hadj.

Une famille de Chorfa Idrissiin, les Oulad Sidi Ahl el-Rifi.

Tous les Beni Aouzmer sont Rhedem de Sidi Abdesselem et plus particulièrement de la Zaouiya de Sidi Ber Resoul de Tétouan.

Petite Zaouiya Derkaoua de Sidi Allel-ben-el-Hadj.

Quelques Aïssaoua.

Rhedem de Dar Ouezzan qui n'est pas sans influence.

BENI-SAÏD [1]

Territoire. — Sur le littoral entre le Rif et Tétouan.

Origines : état social. — Petite tribu de Djebala en partie Rifains. Dans la montagne des Beni-Hassen, dont ils occupent le versant est, les Beni-Saïd habitent des dehour assez resserrés et se livrent à la culture de l'olivier, arbres fruitiers, etc. Dans la plaine ils fondent des labours. Quelques pêcheurs des anciens Bahariya de Tétouan.

Situation politique et administrative. — Les Beni-Saïd relèvent du pacha de Tétouan qui nomme leurs Cheikh. Ceux de la montagne sont peu en main.

---

(1) V. *Documents sur le Nord-Ouest africain*, II, p. 351.

Fractionnement. — Trois fractions ayant chacune son Cheikh :

Beni-Mezreg, dans la montagne,

Chérouta el-Outa, } dans la plaine.
El-Msa,

Influences politiques et religieuses. — Influence locale très importante du Feki Ould Alouen, chef d'une famille nombreuse, riche, très hospitalier et qui a complètement à sa dévotion les gens de la montagne.

Quelques familles de Chorfa :

Chorfa Oulad-ber-Resoul chez les Chérouta el-Outa et el-Msa.

Chorfa Oulad el-Bekkal chez les Beni-Mezreg.

Quelques Kadriya relevant de la Zaouiya el-Bagdadi de Tétouan.

Grande Zaouiya Derkaoua, à Anasel. relevant de celle des Andjera. C'est la plus importante et la plus influente.

Nombreux Rhedem de Dar Ouezzan.

Les Beni-Saïd quoique voisins du Djebel-Alem, y vont peu. C'est de leur tribu qu'était le meurtrier de Sidi Abdesselem-ben-Mechich, et ses descendants, les Beni-Touadjin, ne peuvent, à en croire une tradition répandue, monter à la Koubba du Sid ; les jambes leur manquent en route.

BENI-HASSEN [1]

Territoire. — Dans le massif montagneux dit djebel Beni-Hassen, qui s'étend de Chéchaouan à Tétouan, et la vallée de l'oued Chéchaouan, entre les Ghomara el-Khamis au Sud, les Beni-Saïd à l'Est, les Beni-Aouzmer au Nord, les Beni-Ider à l'Ouest.

(1) V. *Documents sur le Nord-Ouest africain*, p. 426.

Origines; état social. — Djebala du çof des Ghomara. Ils habitent en petits dchour disséminés au pied des
hauteurs, avec quelques groupes dans la montagne, sur des
points escarpés.

Situation politique et administrative. — Les
Beni-Hassen dépendent de Tétouan et ont deux Cheikh : un
pour les Sefeliin, gens de la plaine ; un pour les Foukaniin,
gens de la montagne. Ils sont batailleurs, fréquemment en
lutte avec leurs voisins les Khamis et peu en main.

Fractionnement. — Quatre fractions, Khamis, correspondant à quatre marchés et à une subdivision territoriale par marché.

> El-Khoums,
> Chérouta, dans la montagne à l'Est,
> Beni-Ilits, au Sud-Ouest,
> Beni-Moussa.

Influences politiques et religieuses. — Les Beni-
Hassen sont surtout Rhedem de Sidi Abdesselem-ben-Mechich et de Sidi Mohammed-ben-el-Hadj, un de ses descendants, dont la Zaouiya est chez eux.

Quelques Rhedem de Dar Ouezzan ;

Aissaoua en petit nombre.

Zaouiya Sid el-Râzi (Raziin du Tafilelt) et Zaouiya Sidi
Youcef el-Miliani (Youcefiin de la région de Taza) toutes
deux assez importantes.

BENI-IDER [1]

Territoire. — Dans la partie septentrionale du massif
du Djebel-Alem, entre les Beni-Arous au Sud, le Djebel-
Habib et les Beni-Mesaouer au Nord, le Djebel-Habib et les

---

(1) V. *Documents sur le Nord-Ouest africain*, p. 418.

Beni-Gourfot à l'Est, les Beni-Hassen à l'Ouest. Territoire boisé, montueux, en partie inhabité.

Origines ; état social. — Djebala, vivant en dchour dont quelques-uns sont importants mais dont la plupart sont très divisés et disséminés. Tous se trouvent sur les sommets. La tribu relève du Pacha de Tanger qui nomme son Cheikh. Tribu remuante, soumise, mais peu en main.

Fractionnement. — Quatre fractions, Khamis, correspondant à quatre marchés, qui représentent chacun une subdivision territoriale :

    Ez-Zitouna (près du Djebel-Habib),
    Zaouiya el-Ansar, ou el-Foukia, des Oulad-bou-Rech,
    Tleta d Beni-Ider (près des Beni-Aouzmer),
    Menkel, ou Ait Selfi (du côté de Tétouan).

Influences politiques et religieuses. — Les Ait Selfi sont à la dévotion d'une de leurs familles, les Oulad Charef.

Chorfa Oulad el-Bekkal à Djannoun.

Nombreux Aissaoua relevant de la Zaouiya de Mezoura.

Mais l'influence dominante est celle du Djebel-Alem, dont la tribu est toute entière Rhedem.

DJEBEL-HABIB [1]

Territoire. — A l'extrémité nord-ouest du massif du Djebel-Alem. La tribu tire son nom d'une haute montagne couronnée par la koubba de Sidi el-Habib, et qui domine la route de Tétouan à Fès, à son débouché dans la plaine.

Les tribus voisines sont dans la plaine à l'Ouest, les Bdoua ; au Nord, les Beni-Ouedress ; à l'Est, les Beni-Mesaouer et les Beni-Ider ; au Sud, les Beni-Gourfot et les Beni-Ider.

---

(1) V. *Documents sur le Nord-Ouest africain*, t. I, p. 419.

Origines; état social. — Djebala. Dchour peu importants sur les points élevés.

Situation politique et administrative. — Le Djebel-Habib relève de Tanger. Un Cheikh. Tribu de Tholba, paisible, mais subissant peu l'action du Makhzen dans les affaires intérieures.

Fractionnement. — Quatre fractions, Khamis.

Dchar Ahrigh,	El-Kharroub,
Merdj Akmar,	Habata.

Influences politiques et religieuses. — Quelques familles de Chorfa, Oulad el-Bekkal et Beni-Arouss.

Nombreux Sid locaux { Sid el-Habib, Sid el-Fadil.

Grande Zaouiya de Derkaoua, près du débouché de la route de Tétouan : Moqaddem Sid el-Hadj Foddal.

Quelques Rhedem de Dar Ouezzan.

Mais la tribu est surtout Rhedem de Sidi Abdesselem-ben-Mechich.

BENI-AROUSS [1]

Territoire. — Les Beni-Arouss occupent la partie centrale du Djebel-Alem, le Djebel-Alem proprement dit, et s'etendent à l'Ouest jusqu'au Djebel Sidi Eddi, qui domine la plaine du Gharb.

Ils ont pour voisins : à l'Est, les Beni-Hassen, Beni-Leit, Khamès ; au Sud, les Khamès et Beni-Ahmed ; à l'Ouest, les Beni-Issef, Ehl Serif et Beni-Gourfot ; au Nord les Beni-Ider. Sur leur territoire, se trouvent les sources chaudes d'El-Mkhazen, à Sidi Eddi.

<hr>

(1) V. *Documents sur le Nord-Ouest africain*, t. I, p. 430 et suivantes, *passim*.

Origines; état social. — Djebala. Les Beni-Arouss ont un certain nombre de dchour importants.

La tribu comprend trois éléments constitutifs, les Chorfa Beni-Arouss, qui représentent plus ou moins directement la lignée de Sidi Abdesselem-ben-Mechich; les Soumata, clients religieux et politiques, non Chorfa, des Beni-Arouss, et les Ommiin, clients aussi, presque serfs à l'origine, qui cultivent les Azib des Chorfa.

Ceux-ci vivent du produit des offrandes apportées à la koubba de Sidi Abdesselem-ben-Mechich et de ziara qui leur sont données à eux-mêmes. Quelques-uns vont s'établir dans les tribus voisines : ils sont en général fort riches. Peu batailleurs en raison de leur extraction et des usages traditionnels qu'elle leur impose, ne se livrant à aucune occupation, ils se trouvent à quelques égards dans la dépendance de leurs serfs, les Ommiin, qui détiennent toutes leurs cultures et auxquels ils cèdent presque toujours dans les discussions d'intérêt assez fréquentes.

Situation politique et administrative. — Les Beni-Arouss sont meharrin, exempts de toute redevance et prestation en tant que Chorfa. Cette réserve admise, ils ne se montrent pas particulièrement hostiles au sultan, qui du reste, pendant la campagne de 1889, est venu en ziara à la koubba de Sidi Abdesselem-ben-Mechich et à la Zaouiya de Sidi Ali-ber-Resoul à Tétouan, et dans ces deux occasions, leur a distribué de larges hédia.

A proprement parler les Beni-Arouss n'ont pas d'influence personnelle dans les tribus du voisinage, d'autant que le fait de savoir si Sidi Abdesselem-ben-Mechich a, ou non, laissé des héritiers directs est souvent controversé. Beaucoup de gens prétendent qu'il avait des frères, mais point d'enfants. En tout cas, Sidi Abdesselem ayant désigné pour son héritier spirituel, Abou el-Hassen Chadeli, la Baraka ne s'est pas perpétuée dans sa famille, qui ne forme même pas une aristocratie religieuse, différant de la caste chérifienne.

Les Ommiin sont également meharrin, comme Rhedem des Beni-Arouss. Quand aux Soumata, ils forment depuis 1849 une tribu indépendante soumise à l'impôt.

Les Beni-Arouss en tant que Chorfa sont en paix avec les tribus du voisinage, sauf les Khamès. Ceux-ci, qui sont dits Tholba de Sidi Abdesselem, possèdent le privilège traditionnel donné par le saint, de venir en ziara à sa koubba, sans intermédiaire et d'en chasser les Chorfa. Ils s'y rendent chaque année en Moussem fort nombreux. Aucun Chérif ne doit s'y trouver et ceux qui s'y rendent par hasard sont impitoyablement chassés, sinon tués. De là entre les Beni-Arouss et les Khamès une hostilité implacable, des luttes fréquentes, des rixes où les Chorfa ont toujours le dessous et qui débutent d'ailleurs par des attaques des Khamès.

Les Beni-Arouss nomment dans leur tribu, pour le règlement des affaires intérieures, un Cheikh, suivant la mode berbère. Le titulaire actuel, Mohammed el-Tobal n'a aucune influence. En réalité chacun agit à sa guise.

En 1889, le sultan a nommé pour la forme un Caïd qui a moins encore d'autorité.

Fractionnement. — Soumata (1.500 fusils) constitués en tribu distincte en 1889. Les Soumata comprennent en outre une fraction de ce nom, une autre fraction, les Ahl el-Djir.

Beni-Arouss : trois fractions :

    El-Khekharza, la plus influente,
    Oulad Abd-el-Ouahab,
    Téidiin.

Les Chorfa et les Ommiin sont également répartis dans ces trois fractions. Les derniers moins nombreux que les premiers.

Principaux dchour :

El-Harcha (Soumata),	Marchammed,
Bou Amsid,	Ainé el-Hadid,
Ou Altaid,	Boudjaria,
Ou Akersou,	Tardan.

Influences politiques et religieuses. — La tribu représente l'influence religieuse de Sidi Abdesselem-ben-Mechich, sans la détenir, mais elle bénéficie des privilèges qui s'y attachent. C'est ainsi que les offrandes du sultan ont été partagées entre les Chorfa. De même, tous les ans, les Beni-Arouss ont pendant un mois la libre disposition de la Zaouiya, de la mosquée de Mouley Idriss à Fès, pour en percevoir les ziara. Ils recueillent de même celles qu'apportent à la koubba, les tribus du voisinage, dont quelques-unes payent l'âchour sous forme d'offrande de quelques bœufs à Sidi Abdesselem. C'est du moins ce qui se faisait encore ces dernières années chez les Beni-Zeroual, er-Rhouna, Rzaoua, etc. (1).

Toutes les tribus des Djebala sont Rhedem de Sidi Abdesselem-ben-Mechich. Cependant celles du groupe du Djebel-Alem sont seules inféodées à ce parti politique.

Suivant les uns, Sidi Abdesselem-ben-Mechich aurait eu quatre frères : Iemlah, Moussa, Sidi Chakor et Sidi Amar, mais pas d'enfants; suivant les autres il aurait laissé une postérité, cinq fils et une fille : Sidi Aïssa, Sellem, Bouker, Moussa, Ali et Lallah Ressoula.

De Sidi Semlah, descendant les Chorfa d'Ouezzan, qui envoient des ziara à la koubba du Sid. De Lallah Ressoula sont issus les Chorfa Oulad-ben-Ressoul, auxquels se rattachent les Chorfa Oulad el-Bekkal, dont le plus illustre est Sidi Allel-ben-el-Hadj.

<hr>

(1) *Documents sur le Nord-Ouest africain*, t. I, p. 370. — Dans les *Documents* etc., on a fait une confusion en attribuant tout cela aux Soumata, parce qu'ils sont en tête du fractionnement. Il s'agit ici des Beni-Arouss collectivement.

Ces branches ne comptent plus parmi les Chorfa Beni-Arouss.

Dans la tribu même, quelques personnages marquants :

Sidi Mohammed Kebir des Oulad el-Khegharza, à Sourrak.

El-Feki el-Mekki et Sidi Hamdou el-Khegharzi, qui sont oukil de la koubba et chargés du partage des ziara (1/3 pour les Tholba et 2/3 pour les Chorfa).

Mais l'indigène le plus influent est un nommé Sidi el-Hassen de Thaghezert, qui doit à une folie peut-être réelle, plutôt simulée, une grande réputation comme devin, prophète. Sa maison tenue par son fils, Sidi Abdcsselem, est devenue un véritable but de pèlerinage où les Djebala se rendent en foule.

On considère la moindre de ses paroles comme un oracle, et à en croire quelques racontars, la tranquillité des Djebala sur le passage du sultan en 1889, serait due en partie à ce qu'un jour avant la nouvelle de l'arrivée de celui-ci, Sidi el-Hassen s'était brusquement fait couper les cheveux, témoignage de soumission qu'on a reporté au sultan.

BENI-LEIT [1]

Territoire. — Dans le massif du Djebel-Alem entre les Beni-Hassen, Khamis et Beni-Arouss.

Origines; état social. — Les Beni-Leit sont une fraction des Beni-Aouzmer, séparée d'eux comme territoire et inféodée aux Beni-Arouss, dont ils ont beaucoup d'azib.

Situation politique et administrative. — Tribu paisible — meharrin comme Rhedem des Chorfa Beni-Arouss ne payent pas d'impôt.

---

(1) V. *Documents sur le Nord-Ouest africain*, p. 420.

BENI-GOURFOT [1]

Territoire. — Sur la bordure ouest du massif du Djebel-Alem, à la limite de la plaine du Gharb où ils débordent.

Origines; état social. — Djebaba, où l'élément arabe paraît prédominant comme origine. Ils ont quelques grands dchour, c'est-à-dire des groupes de petits hameaux presque contigus. Leur territoire n'a pas ainsi une étendue proportionnée à leur importance numérique. Habitent en dchour. Quelques tentes dans la plaine.

Situation politique et administrative. — Tribu soumise, mais remuante, les Beni-Gourfot de la montagne surtout, chez lesquels l'action du Caïd est nulle dans les affaires intérieures. Souvent en lutte avec leurs voisins de la montagne. En meilleurs termes avec ceux de la plaine, les Khlout, auxquels ils se mélangent. Ils sont divisés en deux tribus qui relèvent l'une d'El-Araïch (Beni-Gourfot el-Djebel), l'autre du Gharb — commandement d'El-Abbassi (Beni-Gourfot el-Outa).

Fractionnement. — Deux divisions administratives :
Ehl el-Djebel,
Ehl el-Outa.

Principales fractions :
El-Khtout, qui forme un grand dchar long de 15 à 20 kilomètres (1.500 fusils).
Saf,
Rbaa el-Tnin.

Influences politiques et religieuses. — Zaouiya Derkaoua assez réputée à El-Ahra.

____

(1) V. *Documents sur le Nord-Ouest africain,* t. I, p. 421.

Zaouiya Sidi Amar Ghîlan. Sid local avec Zaouiya et Ouerd.

Quelques Aissaoua.

Assez nombreux Rhedem de Dar Ouezzan. Mais surtout Rhedem de Sidi Abdesselem-ben-Mechich.

BENI-ISSEF [1]

Territoire. — Dans la vallée de l'oued el-Gouts, entre les Ehl Serif, Beni-Arouss, Er-Rhouna et Beni-Zekkat.

Origines ; état social. — Djebala, habitant en dchour assez resserrés.

Situation politique et administrative. — Les Beni-Issef dépendent d'El-Araich mais ils sont très séibin, presque indépendants, au moins quant aux affaires intérieures. En 1889, leur arriéré d'impôts était de 7 années.

Fractionnement. — Principaux dchour :

Amgadi,	El-Auber,
Douar el-Arab,	El-Harcha,
Bou-Berkek,	El-Hamma.

Influences politiques et religieuses. — Les Beni-Issef sont exclusivement Rhedem de Sidi Abdesselem-ben-Mechich et inféodés au groupe du Djebel-Alem. — Quelques familles de Chorfa : Oulad Sidi Moussa–ben-Mechich et Oulad Sidi Bou Theni, dans les tribus.

EHL SERIF [2]

Territoire. — A la lisière ouest du massif du Djebel-

(1) V. *Documents sur le Nord-Ouest africain*, t. I, p. 422.
(2) *Ibid.*, p. 423.

Alem, au sud des Beni-Gourfat, et dans la plaine du Gharb, jusqu'aux abords du Sersar, où les Ehl Serif el-Outa sont mélangés avec les Khlout, Bdaoua, etc.

Origines; état social. — Semi Djebala, semi arabe. Dchour dans la montagne. Douar sédentaires, c'est-à-dire avec enceinte d'épines, haies de figuiers de Barbarie et huttes.

Situation politique et administrative. — Les Ehl Serif dépendent d'El-Araïch. Ceux de la montagne sont peu en main, séibin. Ceux de la plaine, au contraire, sont tranquilles et en main.

Fractionnement. — Deux divisions administratives :
Ehl Serif el-Djebel,
Ehl Serif el-Outa.

Principaux dchour :
Amguadir,
Aïne Mansour,
Djedjouka.

Influences politiques et religieuses. — Les Ehl Serif el-Djebel sont Rhedem du Djebel-Alem et les Ehl Serif el-Outa, Rhedem de Dar Ouezzan en majorité.
Quelques Aissaoua.
Zaouiya Derkaoua de la branche de Sidi Mohammed el-Harraq à Aine Mansour.
Zaouiya Hamadcha à Sidi Ali-bou-Loufa.

KHAMÈS [1]

Territoire. — Partie sud-est du massif du Djebel-Alem. Ils touchent aux Ghomara du Rif et aux Beni-Hassen vers

(1) V. *Documents sur le Nord-Ouest africain*, p. 427.

l'Est; aux Beni-Ahmed et Ghomara au Sud; aux Beni-Arouss et Beni-Leit à l'Ouest; aux Beni-Ider et Beni-Hassen au Nord.

Origines; état social. — Djebala, parmi lesquels malgré une instruction arabe très prononcée, l'élément berbère domine et a gardé une partie de ses caractères propres.

On trouve encore chez les Khamès des traces et le souvenir fort récent de l'ancienne organisation berbère : la djemaa des Aït Arbein, le Cheikh el-Rbeia, l'Izref, droit pénal berbère, n'ont disparu que depuis peu. Le régime des clans, des mezrag est encore en vigueur et les pénalités appliquées par les djemaa sont celles de l'Izref.

Situation politique et administrative. — Ils ont actuellement deux Caïd, mais dont le rôle n'est que nominal. En fait, les Khamès sont complètement seibin et d'ailleurs traditionnellement Meharrin comme Tholba de Sidi Abdesselem-ben-Mechich.

Ce titre de Tholba, justifié par une instruction répandue, un grand nombre de Sid locaux et d'Euléma célèbres aux anciens temps, n'empêche pas les Khamès d'être une des tribus les plus remuantes et batailleuses de la région. Ils sont en hostilité avec tous leurs voisins notamment les Ghomara et les Beni-Ahmed et actuellement en lutte avec les Rzaoua et les Beni-Issef, à la suite d'un différend où les premiers ont pris parti pour ceux-ci. C'est en même temps une des tribus Djebala où l'usage du Samt, du vin frais est le plus répandu.

En 1889, les Khamès ont refusé de laisser traverser leur territoire par l'ambassadeur d'Italie qui avait demandé à aller porter ses lettres de créance au Sultan pendant la colonne.

Fractionnement. — Deux fractions administratives :

Khamès Foukaniyn,   Khamès Sefeliyn.

Cinq fractions constitutives. Khamès, connues sous le nom de leur Alem de guerre :

Sid el-Hadj Akhîtran,
Sidi Youcef Tlidi,
Beni-Djbora,
Sid Ahmed el-Alem,
Alem Sebaa Kebaïl.

Principaux dchour :

Tisoufa, long de 15 kilomètres
Amouken, célèbre par sa mosquée
Beni-Derkoul, en montagne
Sidi Youcef Tlidi, en plaine près des Ghomara.

Influences politiques et religieuses. — Les Khamès sont exclusivement Rhedem de Sidi Abdesselem-ben-Mechich, mais indépendants du groupe du Djebel-Alem (voir Beni-Arouss).

BENI-AHMED[1]

Territoire. — Au sud du massif du Djebel-Alem, dans les bassins de l'Oued-Oulai et de l'Oued-Maoudour, affluents de droite de l'Oued-Ouerra. Territoire peu accidenté, tout en cultures et jardins. Tribus voisines : Beni-Mestera et Rzaoua à l'Ouest; Beni-Zeroual au Sud; Ghomara et Khamès au Nord et à l'Est.

Origines; état social. — Tribu de Djebala, mais où prédomine l'élément arabe. Plusieurs dchour sont issus d'Abid Bokhari. Dchour en général étendus.

Situation politique et administrative. — Tribu très belliqueuse et pillarde. Les Beni-Ahmed coupent souvent les chemins qui traversent leur territoire et font de fréquentes incursions chez leurs voisins. Ils sont en hostilité avec presque tous. Entre eux également, luttes continuelles.

(1) V. *Documents sur le Nord-Ouest africain*, p. 432.

Ils relèvent du Gharb, commandement d'Ould el-Abbassi, ils ont deux Cheikh nommés par lui, mais ils sont très seibin. La seule autorité qu'ils reconnaissent un peu est celle des Kebar el-Djemaa des dchour.

Fractionnement. — Deux divisions administratives :
Beni Ahmed el-Fouki,   Beni Ahmed el-Sefli.

Influences politiques et religieuses. — Les Beni-Ahmed sont pour la plupart Rhedem de Sidi Abdesselem-ben-Mechich, mais sans être du groupe politique du Djebel-Alem.

Beaucoup aussi sont serviteurs religieux de Dar Ouezzan.

Assez grand nombre de Derkaoua, relevant de la Zaouiya de Bou Berih des Beni-Zeroual.

EHL SERSAR[1]

Territoire. — Dans le massif du Djebel-Sersar, surtout sur le versant Nord.

Origine; état social. — Les Ehl Sersar sont Djebala et habitent des dchour. Ils descendent d'une fraction de berbères, serviteurs religieux de Mouley Abdallah Chérif, ancêtre des Chorfa d'Ouezzan. Ce sont eux qui l'ont amené à Ouezzan, l'ont aidé à s'y établir.

Situation politique et administrative. — Tribu naïba, paye l'impôt sans fournir d'askar. Elle est relativement peu pressurée en raison de son origine et relève d'El-Araïch.

Influences politiques et religieuses. — Les Ehl Sersar sans être précisément Rhedem des Chorfa actuels d'Ouezzan, en raison de leur origine, n'en appartient pas

(1) V. *Documents sur le Nord-Ouest africain*, p. 433.

moins aux groupes religieux et politiques que dirige Dar Ouezzan.

MASMOUDA [1]

Territoire. — Au sud-est du Djebel-Sersar, dans les hauteurs qui forment, aux abords de ce massif, la plaine sud de la vallée de l'oued el-Goûts. Tribus voisines : Sersar, Gharb, Er-Rhouna, Beni-Mestera.

Origines; état social. — Djebala vivant en dchour. Descendent de l'ancienne tribu berbère de ce nom.

Situation politique et administrative. — Tribu tranquille depuis quelque temps. Naïba, dépend du Gharb, Caïdat de Er-Remouch, des Sefian.

Fractionnement. — Principaux dchour :

Dchar el-Alia,	Châab,
Afersi,	Ksiba,
Dchour Sidi-bou-Beker,	Zrahma,
Chezera,	Sidi Amar el-Hadi.
Oulad el-Medjdoub.	

Influences politiques et religieuses. — Quelques Aissaoua. Influence dominante de Dar Ouezzan.

Au Djebel-Sedjen, tombeau juif, où les israélites du Maroc se rendent en pèlerinage. Ils y entretiennent une garde de Masmouda.

ER-RHOUNA [2]

Territoire. — Entre l'oued Goûts et l'oued Ouerra, au sud des Ehl-Serif.

---

(1) V. *Documents sur le Nord-Ouest africain,* p. 434.
(2) *Ibid.,* p. 436.

Origines ; état social. — Djebala, vivant en dchour.

Situation politique et administrative. — Petite tribu très belliqueuse et brave. Très peu soumise. Elle relève du commandement de Fès, mais sauf lors du passage des colonnes, comme en 1889, est à peu près complètement seiba.

Fractionnement. Trois fractions.

Beni-Sedjel,
Beni-Sméah,
Beni-Grir.

Dchour :

Zerradoun,	El-Alia,
El-Bellouta,	Rzima,
Beni-Mohammed,	Afarnou.

Influences politiques et religieuses. — Grande Zaouiya de Sidi Aissa Ould Sidi Selloum, des Chorfa Oulad Sidi-ben-Mechich, patron de la tribu et dont l'Alem sort le premier, en cas de guerre. Zaouiya de Sidi Ahmed Mousebâa. Grande Zaouiya d'Aissaoua, dont le Moqaddem actuel Sidi Thami, paraît assez influent. Zaouiya de Hamadcha à Bou Midar.

BENI-MESTERA [1]

Territoire. — Dans le bassin de l'oued Ouerra, entre les Beni-Mesguilda, Beni-Zeroual, Er-Rhouna, Masmouda, Aouf et Rzaoua.

Origines ; état social. — Djebala. Vivent en dchour.

Situation politique et administrative. — Les Beni-Mestera sont la tribu la plus pillarde et la plus remuante de tous les Djebala. Les routes de leur territoire sont con-

---

(1) V. *Documents sur le Nord-Ouest africain*, p. 437.

stamment coupées. Ils volent sans cesse leurs voisins et venaient même piller des maisons, enlever des garçons ou des filles dans l'intérieur d'Ouezzan. En 1882, ils l'ont presque assiégée, arrêtant tous les voyageurs entre la ville et Gcheriin, ou sur la route de Fès. Grands buveurs de Samt et très adonnés pour leur propre compte aux Chettah des deux sexes, ils vendent aussi de côté et d'autre, les enfants qu'ils volent.

Complètement séibin, ils n'ont pu être maitrisés en 1882-83 qu'après l'envoi de deux petites colonnes, dont la première avait été battue. En octobre 1889, le Sultan leur a donné un Caïd de chez eux, avec le concours duquel, une partie des brigands attitrés de la tribu ont pu être arrêtés. Deux mois après le frère du Caïd a été tué dans une émeute, et il a fallu envoyer de nouvelles troupes pour rétablir l'ordre.

Deux divisions administratives :

Outaouiin : Djahra (voisins de Ouezzan),
              Beni-Mestera Oulad el-Outa,

Djebala : · Beni-Ghîz,
             Oulad-ben-Talha,

Dchour :

El-Kitoumi,	Mouley Amran Chérif,
Zouaghi,	Tichkran,
El-Ansar,	Er-Remel,
Hadjert-ben-Aiech,	El-Azib,
El-Khorfou,	Mazoura (gisement de salpêtre, fabrique de poudre),
Oulad Abdallah,	
Oulad-ben-Talha,	Diab.

Influences politiques et religieuses. — Les Beni-Mestera sont, au point de vue religieux, Rhedem de Dar Ouezzan, mais ils lui sont politiquement très hostiles. Ils avaient voulu empêcher Mouley Abdallah Chérif de s'établir à Ouezzan et depuis, tout en allant en Ziara à son

tombeau, volent à l'occasion jusqu'aux draperies de son cer-
cueil. D'autre part, dans leurs incursions à main armée dans
le ksar, ils ne ménagent pas plus les filles des Chorfa que
les autres.

BENI-MESGUILDA [1]

Territoire. — Sur l'Oued-Aoudour, affluent de l'Ouerra,
entre les Beni-Mestera, Setla, Chéraga, Fechtala et Beni-Zeroual.

Origines; état social. — Djebala vivant en dchour.
Les Beni-Mesguilda sont très Tholba. Presque tous savent
écrire. Mais ils n'en sont pas moins fort adonnés au Samt,
pillards, coupeurs de routes, en lutte avec tous leurs voisins.

Situation politique et administrative. — Tribu
peu en main, presque complètement séïba. Elle dépend nominalement du Gharb (Ould el-Abbassi) mais a eu à payer,
lors du passage de la colonne en 1889, sept années d'arriéré d'impôts.

Fractionnement. — Trois fractions :
  Dar el-Oued,
Dchour :
  Oumana,
  El-Argoub,
  Bab-Djebel Zerka,   Koudia,
  Beni-Rbeïa,   Sidi Allal el-Zerari,
  Mouley-bou Chetta ez-Zrira Dar el-Oued,
    (Mouley bou Chhetta est El-Argoub,
    bou Gobréin),   Oumana,
  Oulad Abdallah,   Sidi Zitoun.
  Djemaa el-Oued,

(1) V. *Documents sur le Nord-Ouest africain*, p, 441.

Influences politiques et religieuses. — Pas d'influence extérieure, en raison du caractère Tholba de la tribu.

Nombreux Sid locaux.

FECHTALA [1]

Territoire. — Bassin de l'Ouerra, autour du Djebel-Mouley-bou-Chetta et du Djebel-Amergoub, entre les Beni-Mesguilda, Beni-Oughiagel, Chéraga et Oulad Aïssa.

Origines; état social. — Tribu renfermant en majorité des éléments arabes, mais Djebala de mœurs, d'habitat.

Situation politique et administrative. — Tribu dépendant du commandement de Fès (Ould Bâ Mohammed). Soumise et assez bien en main.

Influences politiques et religieuses. — Quelques Rhedem de Dar Ouezzan. Mais l'ensemble de la tribu reconnaît surtout pour Sid Mouley-bou-Chetta, le patron du Gharb de l'Est, dont la koubba est sur son territoire. Les Fechtala sont très jaloux de leur saint. Entr'autres coutumes, ils s'opposent par la force à toute tentative faite pour blanchir sa koubba, Mouley-bou-Chetta n'ayant jamais voulu habiter que dans des constructions en pisé.

SETTA [2]

Territoire. — Bassin de l'Oued-Ouerra, entre les Oulad Aïssa, le Gharb, les Chéraga, Beni-Mesguilda, Beni-Mestera, et Aouf.

(1) V. *Documents sur le Nord-Ouest africain*, t. I, p. 443.
(2) *Ibid.*, p. 443.

Origines; état social. — Djebala très arabisés, vivant en dchour.

Situation politique et administrative. — Les Setta dépendent du Gharb, commandement d'El-Abbassi. Ils sont assez tranquilles et en main.

Fractionnement. — Dchour :

Medjemoula,	Kherb en-Naim,
El-Khazzen,	Maalil,
Dar Hadden,	Aine el-Oued,
Aine el-Raha,	Dchar Sidi Mimoun.

Influences politiques. — Les Setta sont surtout Rhedem de Dar Ouezzan, et Derkaoua.

BENI-ZEKKAT [1]

Petite tribu de Djebala située entre les Er-Rhouna, Beni-Issef, Khamès et Rzaoua dont ils dépendaient primitivement. Les Beni-Zekkat sont séibin comme ces derniers, quoique relevant du Gharb, Caïdat de Sefian (Er-Remouch).

Ils sont surtout Rhedem de Sidi Allel-ben-el-Hadj, des Chorfa Oulad el-Bekkal.

Rhedem Sidi Abdesselem-ben-Mechich.

RZAOUA [2]

Territoire. — Dans le bassin de l'Ouerra, entre les Beni-Mestera, Er-Rhouna, Beni-Zekkat, Beni-Ahmed et Khamès.

---

(1) V. *Documents sur le Nord-Ouest africain*, t. I, p. 444.
(2) V. *Ibid.*, p. 444 et 447.

Origines ; état social. — Tribu Djebala vivant en dchour, où les Tholba sont fort nombreux.

Situation politique et administrative. — Les Rzaoua dépendent du Gharb, Caïdat de Sefian (Er-Remouch). Mais ils sont assez indépendants, peu en main. Jusqu'en 1889, ils se contentaient, comme Achour, d'envoyer 14 bœufs à la koubba du Djebel-Alem et ne payaient rien au Makhzen. Mouley el-Hassen a réussi à leur faire donner une partie de leurs impôts arriérés. Ils sont actuellement en hostilité avec les Khamès, à cause des Beni-Issef, de leur Lef et dont ils ont embrassé le parti.

Fractionnement. — Fraction isolée formant presque une tribu à part : El-Harraïq, dans le Djebel de ce nom qui se continue chez les Khamès sous celui de Djebel-Haoulen.

Dchour :

Beni-Itna,	El-Glâa,
Beni-bou-Their,	El-Oglea,
Gallad es-Sobani,	Toukkala,
Teria,	El-Harraïq.

Influences politiques et religieuses. — Nombreux Chorfa Oulad el-Bekkal, de la famille de Sidi Allel-ben-el-Hadj, dont les descendants vivent à El-Harraïq qui est tout entière à leur dévotion.

Nombreux Khouan Derkaoua, relevant de deux Zaouiya : Zaouiya Sidi Chérif chez les Beni-Naïm, qui dépend de celle de Bou-Berih chez les Beni-Zeroual, et Zaouiya Sid el-Hadj er-Radi, de la branche de Sidi Mohammed el-Harraq.

Rhedem de Sidi Ahmed Mousebâa, Ouali local.

En outre, les Rzaoua sont tous Rhedem de Sidi-ben-Mechich.

BENI-ZEROUAL [1]

Territoire. — Bassin de l'Oued-Mezaz, affluent de l'Ouerra, à sa sortie des Ktama, et bassin de l'Oued-Oulail, autre affluent de l'Ouerra. Entre ces deux oued, massif montagneux assez élevé, le Djebel-Outka, et quelques autres plus petits, le Djebel-Aine Berda notamment.

Origines; **état social**. — Les Beni-Zeroual sont d'origine berbère, mais très arabisés. Ils comptent en outre d'assez nombreux descendants des Abid Bokhari.

Ils vivent en dchour, très resserrés et compacts; entourés de jardins de tous côtés. Un seul de ces dchour, Aine el-Berda, couvre tout un versant de la montagne de ce nom. On y compte six mosquées et il peut mettre en ligne 1.200 fusils.

Situation politique et administrative. — Les Beni-Zeroual forment la plus grosse tribu de tous les Djebala. S'ils étaient moins divisés, aucune de celles qui les avoisinent ne pourrait leur tenir tête. Mais ils sont constamment en lutte entre eux de même qu'avec leurs voisins. C'est ainsi que Mouley Hassen a pu les rapprocher un peu du Makhzen, camper chez eux en 1889 avec sa colonne, et leur faire accepter quatre Caïd. Ceux-ci n'ont d'ailleurs guère d'autorité, et il paraît peu probable que les Beni-Zeroual continuent à payer l'impôt.

Leur ancienne organisation intérieure qui paraît avoir été très forte a à peu près disparu. Les affaires de la tribu, des dchour, sont traitées en Méad, où tout le monde a rang égal, et où les plus turbulents l'emportent souvent. Il reste cependant quelques traces des vieilles institutions locales. Ainsi, dans chaque dchar, se trouve une pierre dressée devant la

(1) V. *Documents sur le Nord-Ouest africain*, t. 1, p. 448.

mosquée principale. Les indigènes qui ont à se plaindre de quelque vol, ou de tout autre tort fait à leurs droits, sacrifient une poule, une chèvre sur cette pierre. Le Cheikh el-Djemaa doit s'y rendre aussitôt et ouvrir en faisant comparaître témoins et défenseur, une sorte d'assises populaires, un méad, ou se règle le litige.

Fractionnement. — Les quatre Caïd sont placés à :

1° Chahrira, avec commandement des Beni-Mka et Beni-Medjerou ; Bou Maam et Oulad Kacem.

2° Azaïs, fraction des Beni-Iadmi.

3° Oulad Salah, fraction des Beni-Brahim.

4° Aine el-Berda,

Outre Aine el-Berda, les principaux dchour sont :

 Tazerdra,

 Bab el-Bir,

 Aghafsil,

formant une djemaa qui relève du Caïd d'Aine el-Berda, mais est hostile à cette fraction.

Beni Brahim :

El-Oglaia,	Oulad Salah,
Afouzal,	Oulad Attia,
Sentia,	Ouarghout,
Afiguel,	Bou-Thaam (Chorfa
Tidoufa) dans le Djebel-	Smainiin),
El-Mchaa) Outka,	Nokla.

Beni-Mka :

 Taenza,

 Beni-Medjera.

On compte en outre avec les Beni-Zeroual, deux petites tribus :

 Oulad-bou-Réma (200 fusils),

 Oulad-Bekkar (100 fusils),

issues de tribus importantes autrefois, détruites aujourd'hui et absorbées par ceux-ci. Les Oulad Bekkar ont une petite kasbah sur l'Oued-Meknoun.

Influences politiques et religieuses [1]. — L'influence dominante est celle des Derkoua, dont la Zaouiya principale, le tombeau de Sidi el-Arbi Derkaoui, est dans la tribu à Bou-Berih. Elle a pour chef actuel un petit-fils de Sidi el-Arbi, Sidi Abderrahman Ould Sidi Taïeb. Sans méconnaître d'une façon absolue son autorité, tous les Derkaoua du Maroc même ceux de Medghara, admettent au moins la suprématie morale de la Zaouiya de Bou Berih et les chefs de différentes branches y envoient des Rekeb annuels.

Autre Zaouiya Derkaoua très importante à Medjour.

L'ensemble de la tribu est, au point de vue religieux et peut-être politique, presque complètement dans la main du chef de la Zaouiya de Bou Berih, et il en est de même de quelques tribus voisines. Cette influence est plutôt hostile au parti du Makhzen.

Elle a comme adversaire, celle de la Zaouiya de Sidi-Allel el-Hamouni, Sid local très révéré, dont les Rhedem sont en général favorables au gouvernement. Le sultan s'y est rendu en ziara pendant la colonne de 1889.

Quelques Rhedem de Dar Ouezzan, représentés par quelques familles de Chorfa.

Quelques Aissaoua.

Les Beni-Zeroual sont en outre Rhedem de Sidi Abdesselem-ben-Mechich.

EL-DJAÏA [2]

Territoire. — Entre les Sélès, Hahichina, Beni-Oughiagel, Beni-Zeroual.

(1) V. *Documents sur le Nord-Ouest africain*, t. I, p. 386.
(2) V. *Ibid.*, p. 452.

Origines ; état social. — Djebala avec prédominance de l'élément arabe. Dchour.

Situation politique et administrative. — Les El-Djaïa sont commandés par un Caïd de leur tribu, mais dont l'influence est nulle en dehors de son propre parti. L'ensemble de la tribu doit être considéré comme séibin. Ils sont du reste coupeurs de routes déterminés.

Fractionnement. — Trois fractions :

Oulad-bou-Zoulat et Oulad Ghoroum (près des Hahiéhina)

Beni-Mohammed,

Senouber.

Principaux dchour :

Beni-bou-Zoulat,   Djeber-Mchit,

Oulad Ghoroum,   Zirarda.

Senouber,

Influences politiques et religieuses. — Les El-Djaia sont surtout Rhedem du Djebel-Alem. Ils ont chez eux quelques Chorfa Beni-Arouss et une Zaouiya leur appartenant. Azib et Rhedem de Dar Ouezzan.

Quelques Raziyn.

BENI-OUGHIAGEL [1]

Territoire. — Presque complètement entourés par les Beni-Zeroual. Voisins sur leur frontière libre, des Chéraga et Fechtala.

Origines ; état social. — Djebala vivant en dchour.

Situation politique et administrative. — Tribu relevant de Fès (Caïd Ould Bâ Mohamed), à peu près indépendante comme ses voisins les Beni-Zeroual.

____

(1) V. *Documents sur le Nord-Ouest africain,* t. I, p. 451.

Fractionnement. Divisions administratives :
Beni-Oughiagel Sefeliin.
Beni-Ougiagel Foukaniin.
Principaux dchour :

Ardour	Tingiran,
Beni-Guisal,	Derdour.
El-Guitoun,	

Influences politiques et religieuses. — Rhedem de Dar Ouezzan et de Mouley-bou-Chetta.

SÉLÈS [1]

Territoire. — Entre les oued Ouerra et Sébou, vers leur partie supérieure, dans un pâté montagneux, très rocheux et arrosé. Voisins : El-Djaia, Beni-Oughiagel, Chéraga, Hahiéhina.

Origines; état social. — Les Sélès sont les derniers descendants des Beni-Mrim et Beni-Outass, qui habitaient la région de Fès avant les Idrissiin. Ils sont Djebala et vivent en dchour.

Situation politique et administrative. — Tribu tranquille, considérée d'ailleurs comme d'extraction noble et relativement peu exploitée. Elle a un Caïd pris parmi ses Kebar.

Fractionnement. — Dchour :

El-Amser,	Sidi Mohammed Senni,
Aine Denma,	Iberrau.
Oulad-bou-Chérik,	

Influences politiques et religieuses.— Rhedem Dar Ouezzan et Sidi Abdesselem-ben-Mechich.

---

(1) V. *Documents sur le Nord-Ouest africain*, t. I, p. 452.

MEZZIAT [1]

Territoire. — Bassin de l'Oued-Ouerra, entre les Hahié-hina, Mtioua, Beni-Zeroual et Sanhadja.

Origines; état social. — Djebala vivant en dchour.

Situation politique et administrative. — Relèvent du Caïd de Fès Djedid, El-Ferradji. Sont tranquilles, mais doivent à leur position au milieu de tribus séibin, une semi indépendance.

Fractionnement. — Deux fractions :
    Oulad-bou-Sultan,
    Mezziat,
    Grand dchar à El-Achaïch.

Influences politiques et religieuses. — Rhedem de Dar Ouezzan. Derkaoua. Quelques Aissaoua.

MTIOUA (DJEBALA) [2]

Territoire. — Sur l'Oued-Imezzaz, affluent de l'Ouerra, entre les Beni-Zeroual, Beni-Ahmed, Sanhadja et Mezziat.

Origines; état social. — Originaires du Rif, mais sortis de son territoire et arabisés comme langue; Djebala de Lef, quoique ayant conservé les Dchour rifains, par maisons isolées. Ils sont de même souche que les Mtioua el-Bahar du Rif.

Situation politique et administrative. — Les Mtioua étaient complètement séibin avant la campagne de 1889. Ils ont accepté lors de la colonne de l'été de 1889,

---

(1) V. *Documents sur le Nord-Ouest africain*, p. 453.
(2) *Ibid.*, t. I, p. 454.

d'être placés sous le commandement d'un des Caïd résidant à Fès, Ould el-Daoudi, mais ils n'en sont pas moins restés fort indépendants. Ils sont pillards et très batailleurs. Ainsi, peu de temps avant l'arrivée du sultan, qui a réglé ce différend, il y avait eu une lutte acharnée entre les deux fractions : En-Nader et Oulad-bou-Slama. Les premiers avaient eu 80 hommes tués ou blessés et les seconds un peu moins seulement.

Fractionnement. — Deux fractions :

Mtioua Djebala	Ich, En-Nader, El-Glâa d Beni-Oumeress
Mtioua el-Outa	Mechkour. El-Oglâa, Taghia.

Influences politiques et religieuses. — Les Mtioua Djebala sont surtout Rhedem des Derkaoua Oulad Akhemlich, au nombre des clients desquels ils comptent comme les Sanhadja.

Rhedem Dar Ouezzan.

SANHADJA [1]

Territoire. — Dans le bassin du haut Ouerra, entre le Rif, les Mtioua, Beni-Oulid, Hahiéhina et Mezziat.

Origines; état social. — Les Sanhadja, issus de la grande tribu de ce nom, forment une importante confédération, qui compte en partie dans le Rif, en partie chez les Djebala.

Elle se divise en trois tribus de Sanhadja :

Sanhadja d Srir, qui sont du Rif.

(1) V. *Documents sur le Nord-Ouest africain*, t. I, p. 339.

Sanhadja d Reddou }
Sanhadja d Mousebaa } Djebala.

Une autre tribu de Djebala, les Ktama, compte politiquement et géographiquement avec les Sanhadja d Srir.

Situation politique et administrative. — Les Sanhadja Djebala, aussi bien que ceux du Rif sont soumis à l'ascendant exclusif d'une grande famille de Chorfa Oulad Sidi Ahmed-ben-Nasser qui est établie chez eux. Ils en forment la clientèle, lui obéissent en tout, et ne reconnaissent pas d'autres maîtres.

Chez les Sanhadja du Rif, c'est le chef de la famille qui exerce l'autorité au nom du sultan. Lors de la campagne de 1889, Mouley el-Hassen qui a traversé le territoire de la confédération et s'est arrêté trois semaines chez les Sanhadja d Srir, pour attendre le payement d'une amende de 300 mulets, sans oser s'aventurer chez les Sanhadja d Mousebaa et d Reddou, a cependant essayé de détacher ceux-ci du parti de leurs maîtres. Il a nommé deux Caïd dans la première tribu, un dans la seconde, mais les a emprisonnés quelques mois plus tard parce qu'ils n'avaient réussi à recueillir aucune hédia.

En fait, sous réserve de l'autorité d'origine religieuse exercée par les Oulad Akhemlich, les Sanhadja Djebala sont complètement indépendants, les Mousebaa surtout qui habitent dans le Djebel-Mediouna des villages inaccessibles, où les mulets ne peuvent pas monter.

Les Sanhadja ont des djemaa pour chaque dchar. Il se battent souvent entre-eux.

Fractionnement. — Sanhadja d Reddou :
Dchour :   Beni-Krama,
           Djala,
           Bou Redda.

Sanhadja d Mousebaa :

Dchour :   Aine Médiouna,   Fennassa,
             Gzennaya,   Beni-Gorra,
             Bou Knana,   Bou Adel,
             El-Menaa,   Oulad Azam.
             Tizeroual,   Tazouta.
             Beni-Salman.

Influences politiques et religieuses. — Influence exclusive des Oulad Akhemlich.

FARNASSA [1]

Petite tribu située dans le bassin de l'Oued-Ouerra, entre les Sanhadja et les Mtioua, dont elle dépend comme commandement.

Ainsi que les Mtioua, elle est en fait séiba, sauf au passage des colonnes.

BENI-OUANDJEN [2]

Territoire. — Dans le bassin supérieur de l'Ouerra, entre les Sanhadja et les Maghnissa.

Origines ; état social. — Tribu composée par moitié de Ghomara et de Sanhadja, réunis au cours de luttes locales. Malgré leur origine rifaine, ils sont Djebala.

Situation politique et administrative. — Les Beni-Ouandjen dépendent du Caïd Daoudi des Mtioua et comme eux sont presque séibin.

Influences politiques et religieuses. — Dar Ouezzan en première ligne.

Quelques Derkaoua, Aissaoua, etc.

Sidi Ali-ben-Daoud, Ouali de Maghnissa, Sid local.

(1) V. *Documents sur le Nord-Ouest africain*, t. I, p. 455.
(2) *Ibid.*, p. 455.

BENI-BOU-SLAMA [1]

Territoire. — Dans le bassin du Sébou, entre les Beni-Ahmed, Mtioua, Beni-Oughiagel et Fennassa.

Origines ; état social. — Djebala vivant en dchour.

Situation politique et administrative. — Les Oulad-bou-Slama dépendent des Mtioua, Caïd Daoudi. Mais ils sont presque complètement indépendants. Leur territoire inaccessible les met à l'abri de toute tentative contre leur autonomie.

Influences politiques et religieuses. — Ils sont serviteurs religieux des Oulad Akhemlich (Derkaoua), de Dar Ouezzan et de Sidi Abdesselem-ben-Mechich.

BENI-OULID [2]

Territoire. — Petite tribu enclavée entre les Sanhadja d Reddou et les Sanhadja d Srir, dans le bassin de l'Ouerra.

Origines ; état social. — Djebala vivant en dchour,

Situation politique et administrative. — Les Beni-Oulid sont rattachés au commandement de Ould Bâ Mohammed de Fès, mais à peu près indépendants en temps normal.

Fractionnement. — Dchour :
El-Ghorfa,
Oued el-Ounen,
Aine Abdoul.

Influences politiques et religieuses. — Les Beni-Oulid, comme les Sanhadja, sont inféodés aux Oulad Akhemlich.
Rhedem des Nasseriin.

[1] V. *Documents sur le Nord-Ouest africain*, t. I, p. 456.
[2] *Ibid.*, t. I, p. 456.

MAGHNISSA [1]

Territoire. — Bassin de l'Oued-Ouerra, entre les Beni-Ammart et les Guezennaya du Rif, les Sanhadja d Reddou et les Targuist, des Sanhadja d Srir.

Origines ; état social. — Les Maghnissa se rattachent à l'élément rifain. Leurs dchour sont comme ceux du Rif, formés de maisons isolées, mais ils sont Djebala de langue, et leur territoire ne compte pas dans le Rif.

Situation politique et administrative. — Les Maghnissa dépendent du Caïd Daoudi des Mtioua, mais en fait ils sont à peu près indépendants. Ils sont très rheddara, coupeurs de route et pillards. Le Mezrag n'a aucune valeur chez eux.

Influences politiques et religieuses. — Ils sont exclusivement Rhedem de Sidi Ali-ben-Daoud, des Oulad Sidi Ahmed-ben-Nasser, sans postérité, mais à la koubba duquel se trouve une Zaouiya importante où l'on vient chercher les ziara de Tamezrout.

DSOUL [2]

Territoire. — Dans le bassin du haut Sébou, sur l'Oued-Inaoun, affluent de l'Oued-Ouerra. Voisins des Riata, Maghnissa, Branès, Hahiéhina.

Origines ; état social. — Tribu formée d'éléments berbères (Djebala) et arabes. Ils habitent pour la plupart en dchour, mais ont aussi quelques tentes. Mezrag, Cheikh el-Djemaa et Méad.

Situation politique et administrative. — Tribu,

---

(1) V. *Documents sur le Nord-Ouest africain*, t. I, p. 457.
(2) *Ibid.*, p. 461.

séiba qui dépendait primitivement de Taza et a depuis 1889, trois Caïd pris dans son sein.

Influences politiques et religieuses. — Beaucoup de Rhedem de Dar Ouezzan. Quelques Derkaoua, Aissaoua, Nasseriyn.

BRANÈS [1]

Territoire. — Sur l'Oued el-Fodda, affluent de l'Ouerra, entre les Dsoul, Maghnissa, Guezennaiya (Rif) et Sanhadja.

Origines ; état social. — Djebala de langue et de territoire, mais se rattachant à l'élément rifain par la nature de leurs dchour.

Situation politique et administrative. — Dépendent de Taza, mais à peu près indépendants. Ils ont conservé les coutumes de l'Izref, quoique ayant seulement des Cheikh el-Djemaa, et règlent leurs affaires intérieures ou extérieures par Méad. Ils sont très pillards, batailleurs, souvent en lutte avec leurs voisins.

Fractionnement. — Fractions :
El-Taïfa
Beni Fekkous } quelques chevaux,
Ouerba,
Tainest,

Influences politiques et religieuses. — Rhedem de Dar Ouezzan.
Sidi Mohammed Zerrouk, Sid local.
Zaouiya Tidjaniya.
Quelques Bou Abid Cherki, Nasseriyn, Raziyn, Aissaoua.

---

(1) V. *Documents sur le Nord-Ouest africain*, t. I, p. 462.

RIOUA [1]

Territoire. — Dans la vallée supérieure de l'Oued-Ouerra, entre les Mezziat, Mtioua, Hahiéhina et Sanhadja d Mousebaa.

Origines; état social. — Djebala vivant en dchour.

Situation politique et administrative. — Les Rioua dépendent de Fès, Caïd el-Feradji. Récemment encore séibin, très remuants malgré leur petit nombre, ils paraissent maintenant mieux en main.

Influences politiques et religieuses. — Rhedem Mouley-bou-Chetta et surtout Sidi-ben-Nasser, branche des Oulad Akhemlich, dont ils sont clients.

(1) V. *Documents sur le Nord-Ouest africain,* t. I, p. 457.